Gabriele Klink

Mit allen Sinnen zum Lesen und Schreiben finden

© 2010 Bildungshaus Schulbuchverlage
Westermann Schroedel Diesterweg Schöningh Winklers GmbH, Braunschweig
www.westermann.de

Das Werk und seine Teile sind urheberrechtlich geschützt. Jede Nutzung in anderen als den gesetzlich zugelassenen Fällen bedarf der vorherigen schriftlichen Einwilligung des Verlages. Hinweis zu § 52 a UrhG: Weder das Werk noch seine Teile dürfen ohne Einwilligung gescannt und in ein Netzwerk eingestellt werden. Dies gilt auch für Intranets von Schulen und sonstigen Bildungseinrichtungen.

Auf verschiedenen Seiten dieses Buches befinden sich Verweise (Links) auf Internet-Adressen.
Haftungshinweis: Trotz sorgfältiger inhaltlicher Kontrolle wird die Haftung für die Inhalte der externen Seiten ausgeschlossen. Für den Inhalt dieser externen Seiten sind ausschließlich deren Betreiber verantwortlich. Sollten Sie dabei auf kostenpflichtige, illegale oder anstößige Inhalte treffen, so bedauern wir dies ausdrücklich und bitten Sie, uns umgehend per E-Mail davon in Kenntnis zu setzen, damit beim Nachdruck der Verweis gelöscht wird.

Druck A^1 / Jahr 2010

Lektorat: Jutta Herrmann
Umschlaggestaltung: Claudia Bauer
Herstellung und Satz: PER Medien+Marketing GmbH, Braunschweig
Illustrationen: Claudia Bauer
Fotos: Gabriele Klink
Druck und Bindung: westermann druck GmbH, Braunschweig

ISBN 978-3-14-**163059**-6

Inhalt

Vorwort 5

Theorie:

1. Frühkindliche Spracherfahrungen 7
2. Vom Kritzeln zum Schreiben 14
3. Kinder erobern die Schriftsprache 18
4. Die Lesekompetenz stärken 22
5. Kinder auf die Schule vorbereiten 26
6. Raumlage und Raumorientierung 30
7. Was tun bei Linkshändigkeit? 33

Praxis:

8. Spiele-Fundgrube 35
9. Schulung der Feinmotorik: Besondere Bastelangebote 40
10. Schulung der Feinmotorik: Origami-Faltarbeiten 48
11. Schulung der Feinmotorik: Lustige Fingerspiele 56
12. Sinnesschulung: Tasten, Hören und Sehen 60
13. Rhythmische Raumerfahrungsspiele 63
14. Kommentare zu den Arbeitsblättern 70
15. Märchenhafte Schwungübungen – eine Unterrichtseinheit 82
16. Im Zahlenland – eine Unterrichtseinheit 94
17. Unser Gewürztagebuch – ein Projekt 105

Anhang: Bildnerisches Gestalten – Begriffserklärungen 112

Anhang: Übersicht über die einzelnen Problemfelder 114

Quellenverzeichnis 120

Literaturhinweise 120

Kopiervorlagenverzeichnis

KV 1: Schnittmusterbogen zu den Bastelangeboten 47
KV 2: Origami-Faltanleitung: Fisch und Schneeglöckchen. 49
KV 3: Origami-Faltanleitung: Hahn und Storch 50
KV 4: Origami-Faltanleitung: Schmetterling und Pinguin 51
KV 5: Origami-Faltanleitung: Vogel 52
KV 6: Origami-Faltanleitung: Katze 53
KV 7: Origami-Faltanleitung: Hund 54
KV 8: Origami-Faltanleitung: Flugzeug 55
KV 9: Musterballone gestalten – Arbeitsblatt 72
KV 10: Endlos-Linien-Musterfisch – Arbeitsblatt 73
KV 11: Zwillingsbruder suchen – Arbeitsblatt 74
KV 12: Das Regenwurm-Kind sucht seine Mama – Arbeitsblatt 75
KV 13: Alle meine Fische – Arbeitsblatt 76
KV 14: Zwillingsblüten entdecken – Arbeitsblatt. 77
KV 15: Fantastische Wolkentiere – Arbeitsblatt 78
KV 16: Geheimzahlen suchen – Arbeitsblatt 79
KV 17: Sternbilder übertragen – Arbeitsblatt 80
KV 18: Was passt nicht? – Arbeitsblatt. 81
KV 19–20: Grundformen 92
KV 21: Im Zahlenland – Zahlenbilder 1 und 2 100
KV 22: Im Zahlenland – Zahlenbilder 3 und 4 101
KV 23: Im Zahlenland – Zahlenbilder 5 und 6 102
KV 24: Im Zahlenland – Zahlenbilder 7 und 8 103
KV 25: Im Zahlenland – Zahlenbilder 9 und 10 104
KV 26: Diagnosebogen: Hörverstehen und Sprachverständnis 117
KV 27: Diagnosebogen: Sprachverständnis 118
KV 28: Diagnosebogen: Begriffsbildung 119

Vorwort

In der frühen Kindheit hat jeder Umgang mit gesprochener, gehörter, musikalischer oder optischer Sprache grundlegende Auswirkungen auf eine spätere Lesefreude. Die erste Begegnung mit Sprache findet dabei mit der Mutter statt: Sie singt und wiegt ihr Kind in den Schlaf, sie summt ein Kinderlied und beruhigt ihr Baby mit zärtlichem Streicheln und leisen, tröstenden Worten, wenn es weint und sich unwohl fühlt. Das Kind versteht noch lange nicht die Worte der Mutter, aber die Sprachmelodie, die Sanftheit und Beruhigung, die von ihnen ausgehen, aktivieren die Sinne und hinterlassen im Gedächtnis des Kindes erste Spuren. Man kann daher sagen: Die Leseförderung des Kindes beginnt bereits zum Zeitpunkt seiner Geburt.

Für eine gesunde Weiterentwicklung der Sprachfähigkeiten sind fortwährende Erfahrungen mit der gesprochenen und geschriebenen Sprache notwendig. Diese finden bereits früh im Elternhaus statt und werden im Kindergarten bzw. in der Vorschule aufgegriffen und zielgerichtet weitergeführt.

Schließlich müssen die Kinder vor dem Eintritt in die Grundschule eine Reihe von Fertigkeiten erworben haben, um störungsfrei lesen und schreiben zu lernen.

Eine grundlegende Fertigkeit ist das Hörverstehen, mit dessen Hilfe die Lautstruktur unserer Sprache erfasst werden kann. Daneben müssen die Kinder Einsicht in Funktion und Aufbau der Schriftsprache haben, wozu auch visuelle Fertigkeiten benötigt werden. Buchstabenformen können nur mit einer ausgebildeten Raumorientierung und einem gut funktionierendem Gedächtnis erfasst, behalten und wiedergegeben werden. Beim Schreiben werden zudem motorische Fähigkeiten eingesetzt. Schließlich soll der Stift richtig und entspannt geführt werden. Ohne eine gut entwickelte Auge-Hand-Koordination ist es außerdem nicht möglich, gerade Linien zu ziehen oder ein Bild sauber auszumalen.

Weiterhin wichtig sind Sprach- und Textverständnis, ein reichhaltiger Wortschatz, Sprachgefühl, Konzentration, Ausdauer und nicht zuletzt genügend Selbstvertrauen und Motivation.

Kinder nähern sich einer Sache von Natur aus ganzheitlich, d.h. mit all ihren Sinnen und mit dem ganzen Körper. Greift man in der Vorschule das spontane Lernverhalten der Kinder auf, können sie am ehesten die Vorläufermerkmale des Schriftspracherwerbs ausbilden. Nur so ist ein langfristiger Schulerfolg garantiert.

Für diesen Band habe ich aus meiner Unterrichtssammlung die Spiele, Übungen und Aufgaben zusammengestellt, die sich in der Praxis als besonders effektiv erwiesen haben. Sie wurden von den Kindern meiner Vorschul- und Grundschulförderklassen im Laufe vieler Jahre erprobt, verfeinert und weiterentwickelt. Bewusst habe ich immer wieder die kreativen Ideen der Kinder aufgenommen, um die Sammlung noch wertvoller zu machen.

Meine Vorschläge eignen sich für den fächerübergreifenden Unterricht, wobei die Angebote nach Bedarf und individuell eingesetzt werden können. Die Schwungübungen und den Zahlenschreiblehrgang habe ich als ganze Unterrichtseinheiten zusammengestellt.

Frühkindliche Spracherfahrungen

Erste Leseerfahrungen

Das Kleinkind hört ein Lied oder einen Reim, es bewegt sich dazu, es klatscht, es tanzt, wiegt sich vor Freude im Sprachrhythmus, fühlt Nähe, Wärme, Geborgenheit und Zuwendung. Bald gesellen sich die allerersten Bilderbücher hinzu, gefolgt von kleinen Erzählgeschichten, in denen das Kind die Hauptrolle spielt und der Tag zusammengefasst wird. Kleine Geschichten oder die ersten Märchen verzaubern das Kind immer mehr. Wenn es die Geschichten hört, lauscht es mit allen Sinnen, seinem ganzen Körper. Es freut sich mit dem Helden und glaubt fest daran, dass er das Abenteuer bewältigen und das Märchen ein gutes Ende finden wird.

Märchen haben poetische Strukturen, sind gut verständlich und überschaubar. Sie lassen innere Bilder entstehen und fordern somit die Fantasie heraus.

Bilderbücher erleichtern die ersten Schritte des Lesenlernens. Ihre Texte sind kurz und ihre Bilder verdeutlichen den Inhalt. Bild und Schrift verbinden sich, obwohl sich Bildsprache und Schriftsprache gleichzeitig voneinander abgrenzen lassen. Die Kinder bauen eine Brücke zwischen Buchstaben- und Bilderwelt. Sie begeben sich auf eine weite Reise mit all ihren Sinnen und tauchen gern ein in die Welt der Fantasie, die so ganz anders ist als die Wirklichkeit.

Bücherregale sind schon für Kleinkinder faszinierend, und eigene Bücher zu besitzen, macht Kinder stolz. Es fördert den Spracherwerb, bildet die Grundlage zu Lesemotivation und Lesefreude und unterstützt von Anfang an das Lesenlernen.

Der Umgang mit Büchern findet innerhalb der Familie, später in der Betreuungseinrichtung und fortlaufend in der Schule statt. Heute stehen Bücher jedoch in Konkurrenz mit modernen Medien wie Fernseher, Computer, CD usw.

Vor diesem Hintergrund Leselust anzuregen, zu fördern und in das Gesamtkonzept der Vor- und Grundschulzeit einzubinden, ist besonders wichtig. Schon sehr früh werden hierzu die Weichen gestellt. Voraussetzung für eine positive Erfahrung mit Literatur ist, dass lesen mit handlungsorientierten Angeboten und Aktivitäten verknüpft und in soziale, affektive (gefühlsbetonte) und emotionale (gefühlsmäßige) Prozesse eingebunden wird. Kinder zu lustbetontem Zuhören zu führen, ist der Einstieg zur erstrebten Lesekompetenz und zur breit angelegten Leseförderung.

Der Wortschatz

Wörter entdecken

Beim Entdecken von Wörtern bildet das Sprachvorbild der Erwachsenen die Ausgangsposition. Wie wird zu Hause gesprochen, in Einwortsätzen oder in ganzen Sätzen? Entdeckt und erfährt das Kind Antworten auf seine Fragen? Darf es von seinen Erlebnissen berichten? Hat es einen zuhörenden Erwachsenen?

Impulse für vielfältige Sprach- und Sinneserfahrungen entstehen, wenn das Kind eine lebendige Sprache mit vielen Wörtern erfährt, wenn ihm Wörter und Sachverhalte erklärt werden und wenn es dem Erwachsenen „Löcher in den Bauch" fragen darf, ohne dass dies als lästig empfunden oder gar ignoriert wird.

Sprachkompetenz bildet sich in der Auseinandersetzung mit der Lebensumwelt und in der Familie des Kindes. Dabei wird die mündliche Ausdrucksfähigkeit gestärkt und verfeinert. Von zentraler Bedeutung dabei ist, wie gesprochen wird. Wörter drücken neben Wissen auch die Stimmungslage aus, werden untermalt durch Gestik, Körpersprache, Mimik oder den Tonfall in der Stimme. Kinder entdecken, dass Wörter glücklich, traurig, fröhlich oder nachdenklich machen, aber auch mächtig sein können.

Mit Kindern sollte daher auch über die Wörter gesprochen werden. Wörter zu erforschen, Wortbedeutungen zu untersuchen und zu interpretieren werden als spannende und bereichernde neue Erfahrungen erlebt.

Wörter kann man sammeln und es lässt sich sogar gemeinsam über sie philosophieren: Was stelle ich mir unter diesem Wort vor? Was könnte es bedeuten und welche Wörter passen dazu (z. B. Farb-Wörter sammeln)? Was macht das Wort mit mir? Macht es mich wütend oder froh?

Ein einziges Wort kann mächtig sein. Es kann trösten (*Liebling*), verletzten (*Blödmann*), Freude auslösen (*prima*), Nähe beinhalten (*Goldschatz*), Verachtung signalisieren (*Mamakind*), eine Gruppierung in die Ecke stellen (*Weiberkram*), provozieren oder beleidigen (Fäkaliensprache wie *Arschloch*).

Abstrakte Wörter wie *Angst, Freude, Geborgenheit* oder *Wut* lassen sich pantomimisch darstellen. Die Kinder überlegen, wie sie *Wut* malen, umschreiben oder beschreiben können. Dies erfordert zunächst einen Blick nach innen: Wie fühle ich mich mit Wut, wie fühlt sich Wut an? Wie entsteht sie und was bewirkt sie in mir? Wie merkt man Wut an sich und an anderen? Was macht Wut mit einem selbst?

Schließlich lassen sich weitere Begriffe für Wut finden: Ich bin sauer, verärgert, stinkig, wütend, erbost, entrüstet, etwas macht mich rasend, ich bin wutentbrannt, aufgebracht, verbittert, habe einen Wutausbruch, explodiere vor Wut, kriege meinen Rappel oder Koller, flippe aus, knirsche mit den Zähnen, bin böse und empört, gereizt und aufgebracht, werde wild und spucke Gift, bin geladen und fuchsteufelswild, rege mich auf oder werde aufgeregt.

Fehlende Wörter

Der aktive Wortschatz eines Kindes spielt beim Schriftspracherwerb eine zentrale Rolle. Wächst ein Kind in einer spracharmen Umgebung auf, erlebt es ein Elternhaus, das selbst sprachlos ist oder über nur geringe Deutschkenntnisse verfügt, werden Wortschatz und Ausdrucksfähigkeit nicht gefördert. Den Kindern fehlt die Basis, um sich sprachlich gut und verständlich auszudrücken. Sie haben keine Worte, etwas zu erfassen, zu erklären, eine Frage zu formulieren oder Erlebnisse so zu schildern, dass der Zuhörer den Sinnzusammenhang und die Gefühle, die das Erlebnis begleitet haben, aufnehmen kann.

Für eine praktische Sprachanwendung brauchen Kinder einen Gesprächspartner. Mit dem Fernseher, dem Computer oder DVD-Player kann ein Kind nicht sprechen. Ein Gerät erklärt ihm nicht die Situation, die es gerade nicht verstanden hat oder die ihm Angst macht. Es bietet keine Möglichkeit, einmal nachzufragen oder eine Vermutung und Meinung zu äußern. Das Kind befindet sich in einer sprachlichen Einbahnstraße. Ein volles Spielzeugregal ist ebenfalls kein Ersatz für einen Gesprächspartner.

Beginnen Kinder sehr spät mit dem Sprechenlernen, kann sich die Sprachentwicklung verzögern. Auch Kinder mit Sprachstörungen weisen oft eine solche Spätentwicklung auf. Kennzeichnend hierfür ist, dass Wörter nicht richtig ausgesprochen werden: *dehabt* statt *gehabt*, *gegesst* statt *gegessen*.

Probleme bereiten diesen Kindern besonders Wörter mit Konsonantenhäufungen (sch, pf, gl usw.) in der Wortmitte oder am Wortende. Sie können sie von der Mundstellung her nicht richtig aussprechen und formulieren. Auch gelingt es den Kindern nicht, längere Wörter korrekt nachzusprechen.

Tieferliegend organische Sprechstörungen sollten nur in Zusammenarbeit mit Logopäden, Sprachheilpädagogen und anderen Fachkräften angegangen und behoben werden.

Kinder in Sprache baden

Eigene Bücher schreiben

Aktivitäten wie vorlesen, hören, lauschen, nacherzählen, Texte in Musik übersetzen, eigene Lieder und Melodien erfinden, zu einer Musik tanzen und sich rhythmisch bewegen sind erste Anfänge und bilden das Fundament zur Ausbildung einer Lesekompetenz.

Weiterführend gehört dazu das Erfinden von eigenen Geschichten, Reimen, Rätseln oder Gedichten. Kinder können gehörte Märchen mit einem anderen Ende versehen oder Zukunftsvisionen darüber entwickeln, wie es wohl dem Helden einer Geschichte zehn Jahre später gehen wird. Die Fantasiegeschichten können gesprochen und mit einem Tonaufnahmegerät aufgezeichnet werden. Oder sie werden von einem Erwachsenen mitgeschrieben und im Anschluss von den Kindern illustriert.

Selbst ausgedachte Geschichten sind die ersten literarischen Aufzeichnungen des Kindes. Es kann also früh seine ersten eigenen „Bücher" schreiben. Dabei muss es sich aber nicht unbedingt um Geschichten handeln. Auch persönliche Erlebnisse und „Bilder im Kopf" können gezeichnet und mit einem kleinen Text versehen werden. Daraus können ganze Traumbücher erstellt werden. Gerne erfinden Kinder auch

Rätsel, zu denen sie die Lösung aufmalen. Sie können einen 12-seitigen Kalender basteln (Märchen-, Geburtstags-, Rezept- oder Rätselkalender) oder aus Katalogen und Zeitschriften Bilder ausschneiden und zu einer Geschichte zusammenbauen.

Seit einem viertel Jahrhundert erarbeite ich mit meinen Kindergruppen jedes Jahr ein Gruppenbuch, unser Schuljahresbuch. Es ist ein Sammelsurium aus diktierten Geschichten und Fotobeschreibungen, Gedanken, Wünschen und Visionen (Was ich einmal werden möchte, wie später einmal die Welt/Umwelt aussehen soll usw.). Gedanken schriftlich zu fixieren und damit aufzubewahren, bildet eine Brücke zur Literatur und Leseneugierde.

Über sich und die Welt philosophieren

Kinder haben eine angeborene Weisheit, mit der sie die Welt sehen. Dabei sind Wissen, Vernunft Fantasie, Inspiration und Einfälle eingebunden in das individuelle kindliche Fühlen und Denken. Sie greifen ineinander, verzahnen sich und lassen Kinder entdecken, dass jeder Mensch etwas Einmaliges und Besonderes ist. Schon Kinder streben in ihren Bedürfnissen nach Glück und Weisheit. Dies zu entdecken und zu fördern, ist eine große Herausforderung für alle, die Kinder betreuen.

In unserem Jahrbuch der Klasse sammle ich jedes Jahr auch die philosophischen Gedanken der Kinder. Ein Kind lässt sich besonders gern auf das Philosophieren ein, wenn es einen Satzbeginn ergänzen kann.

Ich staune darüber …
- … dass ich so groß geworden bin und nun zur Schule gehe.
- … was ich alles gelernt habe, was ich alles kann und was ich über mich weiß.
- … dass ich nun zuhören kann und erfahre, wie schön die Welt ist.
- … wie gut ich nun sprechen kann und was ich schon alles verstehe.
- … wie wohl ich mich fühle und wie viele Freunde ich gefunden habe.
- … wie mutig ich bin.
- … dass es mich gibt und ich ein Teil der Welt bin.
- … was es alles in der Welt gibt, was ich darüber weiß.
- … dass es noch so viel zu sehen gibt und ich mein ganzes Leben lang lernen darf.
- … dass ich ein schönes Zuhause habe und meine Familie mich lieb hat.

Ich staune …
- … über die Buchstaben und Zahlen und über meine Hände, die sie schreiben können.
- … über die vielen Möglichkeiten zu lernen und schlau zu werden.
- … über die Macht der Wörter.

Die Ausdrucksfähigkeit schulen

Die Ausdrucksfähigkeit kann auf vielerlei Weise gefördert werden. Die Kinder lernen Lieder und Reime auswendig, erzählen Gehörtes nach, fabulieren, denken sich eigene Geschichten aus, erfinden Reime oder Unsinnverse. Geschichten lassen sich zum Beispiel mit Was-wäre-wenn-Sätzen spinnen: Was wäre, wenn ich der mächtigste Mensch der Welt wäre? Was wäre ein Wald ohne Tiere? Was wäre eine Schule ohne Kinder? Was wäre, wenn …?

Kinder können sich auch ausdrücken, wenn sie eigene Namen erfinden, zum Beispiel für ein Schmusetier, den besten Freund oder für jemanden, der tröstet, ein Geheimnis bewahrt oder den man lieb hat (Knudelmudel).

Die Basis für das Sprechen- und Lesenlernen sind Emotionen. Eingebunden sind dabei alle Sinnesnuancen von hören, sehen, fühlen, schmecken, riechen und tasten. Begriffe und Wörter sind für ein Kind immer mit einem Gefühl verbunden. Sie signalisieren Wohlbefinden, Geborgenheit oder Wünsche. Kinder empfinden sich zum Beispiel oft als klein und wünschen sich groß zu sein, so groß wie der Papa. Auf diese Weise lernen die Kinder Gegensätze auszudrücken.

Wörter über mich und über andere zu finden und auszusprechen, schult nicht nur die Ausdrucksfähigkeit, sondern steigert das Selbstbewusstsein und die Selbsteinschätzung. Dabei nehme ich mich und den anderen positiv wahr: „Ich habe inzwischen gelernt … (malen, rechnen, Schuhe binden). Ich kann nun … (spielen, ein Puzzle legen, einen Purzelbaum machen). Ich habe mich verändert … (Ich dränge den anderen nicht zur Eile, sondern helfe ihm beim Aufräumen.). Wichtig ist es, Sätze zu

formulieren, die mit dem Wort „ich" beginnen:
Ich kann, ich mag, ich bin, ich habe, ich möchte, ich wünsche mir …

Später werden die Sätze erweitert durch das Hinzufügen von eigenen Schwächen und/oder Stärken. Diese gilt es einzugestehen und die dabei aufkommenden Gefühle zuzulassen.

Auch über andere werden Sätze formuliert: Ich mag an dir besonders …

Der Pädagoge notiert dabei die genannten Eigenschaften. Am Ende staunt jeder, welche positiven Eigenschaften, Fähigkeiten und Fertigkeiten an dem anderen entdeckt und wertgeschätzt werden.

Literarisches Lernen

Das Kleinkind entdeckt die Literatur noch völlig unbeschwert durch das lustvolle Betrachten von Bilder- oder Sachbüchern. Die Erfahrungen, die es dabei macht, übernimmt das Kind in die eigene Fantasiewelt. Es ist offen für die große, weite Welt, die ihm in Büchern geboten wird.

Später in der Schule verliert die Magie der Texte mitunter ihre Faszination, denn das Erlernen der Schriftsprache, das Lesen, ist zunächst sehr mühsam, holperig und zeitraubend.

Wichtig ist es daher, literarisches Lernen schon frühzeitig in einem offenen Raum und offenem, handlungsorientiertem Angebot stattfinden zu lassen. Die Kinder lauschen zum Beispiel berühmten Werken wie den *Vier Jahreszeiten* von Antonio Vivaldi und tanzen mit Tüchern den *Frühling*. Das musikalische Märchen von Prokofjews *Peter und der Wolf* wird mit Schattenspielfiguren erarbeitet und aufgeführt. Oder die Kinder begeben sich auf die Spuren von Friedensreich Hundertwasser. Sie lassen sich von seinen Werken berühren, lernen sie zu verstehen und deuten sie um. Aus ihrem kindlichen Blickwinkel und ihrem eigenen Empfinden heraus gestalten sie die Werke schließlich „neu". Sie malen ihre eigenen Fantasiehäuser oder basteln sie aus Kartonschachteln.

Natürlich werden auch Geschichten entdeckt, wie zum Beispiel Theodor Storms *Häwelmann*. Die Kinder erzählen oder spielen die Geschichte spontan nach, erweitern sie und erfinden ein neues Ende. Dazu eignen sich auch die Werke der bekannten Märchensammler Gebrüder Grimm, Ludwig Bechstein, Wilhelm Hauff, Hans Christian Andersen, Richard von Volkmann-Leander, aber auch Legenden und Fabeln und natürlich die beliebten Bücher von Astrid Lindgren oder von anderen Kinderbuchautoren. Beim Umgang mit den Werken steht Offenheit, Neugierde, Experimentierfreudigkeit und Begeisterung im Vordergrund.

Beim Erzählen vieler Märchen und Geschichten bietet es sich beispielsweise an, weitere Figuren zu erfinden, um sie mit dem Helden zusammentreffen zu lassen. Die Kinder können sich dabei vieles einfallen lassen: Im Märchen *Die goldene Gans* dürfen noch weitere Handwerker oder Spaziergänger an der goldenen Gans hängenbleiben. *Hans im Glück* begegnet weiteren Figuren, mit denen er Gegenstände tauscht. *Der dicke fette Pfannkuchen* wird von weiteren Tieren begehrt.

Das Aufsatzschreiben anbahnen

Sind Kinder in der Lage, Literatur zu verstehen, sie handlungsorientiert sowie bildnerisch-künstlerisch umzusetzen können sie zudem eigene Gedanken, Gefühle und Erlebnisse ausdrücken, haben sie einen wichtigen Schritt in Richtung lesen- und schreiben lernen vollzogen. Dies ist auch eine wichtige Voraussetzung für das Schreiben eigener Texte.

Denken, sprechen, lesen und schreiben sind keine Einzelaktivitäten, die isoliert voneinander stattfinden, sondern bilden einen dynamischen Gesamtprozess. Bei einer frühen Leseförderung geht es nun darum, eine Grundlage und Vorstufe zu einem solchen Prozess zu schaffen.

Beim Hören und Zuhören werden eigene Vorstellungen, Vermutungen oder Meinungen eingebracht. Davon angeregt, beginnen die Kinder frei und kreativ zu fabulieren. Das erste Hörbuch entsteht, wenn sie ihre Ideen auf Kassette aufnehmen (oder auf CD brennen). Wer gern erzählt, malt oder schreibt, liest später in der Regel auch gern und viel. Schreib- und Lesekompetenz entwickeln sich also lange vor Schulbeginn. Die bis zum Schuleintritt gesammelten, erfahrenen und erlebten Literaturbegegnungen setzen weder konkrete Lese- noch Schreibkenntnisse im Vorschulalter voraus.

Die Schriftsprache mit allen Sinnen wahrnehmen

Über das Ohr:
Lauschen, Geschichten hören, Lieder singen, Gedichte miteinander sprechen, auswendig lernen und vortragen. Beachtet werden der Klang der Sprachmelodie, das Sprechtempo, die Lautstärke sowie die Gefühle und Stimmungen, die dabei ausgedrückt werden. Dies alles wird herausgehört, festgestellt und erfahren.

Über das Auge:
Bilder betrachten im Bilderbuch, Vorlesebuch, Sachbilderbuch oder Lexikon, Symbole entdecken, Zeichen ausprobieren und erfinden (z. B. Zeichen für Zutaten im Kinderkochkurs). Buchstaben und Zahlen wahrnehmen, vergleichen, unscheinbare Dinge und Kleinigkeiten entdecken.

Über die Hand:
Formen auf dem Mehltisch, Sand, im Schnee oder Matsch malen und nachfahren, mit Stiften malen, reißen, kneten, nähen, hämmern, schreiben usw.

Über schmecken und riechen:
Buchstabensuppe kochen, Zahlen und Namen backen, Buchstaben aus Gemüse legen, Gewürze schnuppern, Riechdöschen mit unterschiedlichen Materialien herstellen.

Alle Gegenstände und Dinge haben ihren eigenen Geruch: Zeitungspapier riecht anders als ein Buch, Erde riecht anders als Laub, eine Zitrone duftet anders als eine Banane usw.

Über die Erfahrung von Freude und Wärme:
Freude erfahren, wenn eine Geschichte erzählt wird, Geborgenheit erleben beim Singen eines Liedes oder wenn Mutter und Kind einen Vers singen und dazu klatschen. Jemandem etwas nacherzählen oder vorspielen, ein Lied vorsingen, jemandem eine Freude bereiten und dabei selbst Wohlbefinden und eigene Wertschätzung erfahren.

Buchstaben entdecken

Kinder sollten schon früh mit Buchstaben experimentieren können. Es gibt viele Aktivitäten, mit denen sie sich den Formen mit allen Sinnen nähern können:

- Schriftzeichen aus aller Welt miteinander vergleichen: So schreibt man bei uns und anderswo.
- Hieroglyphen aus Ägypten und die Keilschrift kennenlernen: So sähe mein Name bei den alten Ägyptern aus.
- kleine Kügelchen aus Papier knüllen, damit Blindenschrift aufkleben und ertasten (lassen)
- Indianerbilderschrift und Fingeralphabet für Gehörlose entdecken und erproben
- ungekochte Nudel-Buchstaben zu Namen oder Bildern legen
- eine Buchstaben-Suppe kochen und am Tellerrand den Namen herausfischen
- aus Russischem Brot den eigenen Namen legen und aufessen
- Buchstaben und Zahlen aus Teigrollen backen
- Buchstabenbrote: aus Gemüsestückchen den Namen auf das Brot legen
- aus Kartoffelstücken Namen-Pommes im Backofen anfertigen
- Buchstaben aus Spielmaterialien legen: Knöpfe, Lego, Ästchen, Steine, Stäbe, Klötze
- Buchstaben und Symbole im Sand, Schnee, Matsch oder auf dem Mehltisch zeichnen
- mit Klebestift einen Buchstaben oder eine Zahl auf ein Papier dick auftragen, anschließend mit Sand bestreuen oder mit Glitzersternchen oder Muscheln nachlegen und bekleben
- lebendige Buchstaben mit sich und dem Partner legen
- Buchstaben mit Toilettenpapier oder alten Mullbinden auf dem Boden im Großformat legen
- Großbuchstaben aus Zeitungen ausreißen und aufkleben

Hörverstehen und Textverständnis

Mündliches Erzählen, Fabulieren oder etwas auswendig lernen fördert nicht nur das Hörverstehen, sondern auch das Textverständnis. Kinder zwischen vier und acht Jahren befinden sich im so genannten Fabulieralter. Ihre Lesemotivation wird gestärkt, wenn Ihnen etwas persönlich erzählt oder vorgelesen wird. Erlauschtes bleibt länger im Gedächtnis haften und wird positiv besetzt. Kinder erleben die Geschichte mit, das zeigt ihre Körperhaltung, ihre Gestik und Mimik. Sie halten sich erschrocken die Hand vor den Mund, lachen herzhaft, trampeln vor Begeisterung mit den Füßen oder rutschen auf ihrem Stuhl hin und her, um die Spannung besser zu ertragen. Sie werden als Zuhörer durch spontane

Reaktionen oder Zwischenfragen aktiv beteiligt. Sie leiden mit dem Helden und erleben hautnah die Spannung.

Dabei lauschen nicht nur Vorschulkinder gebannt, wenn erzählt oder vorgelesen wird, sondern auch Schüler und Erwachsene lassen sich verzaubern.

Vorlesetexte sollten an die Leseerfahrungen der Kinder anknüpfen und fortlaufend angeboten werden – als Ansporn, selbst lesen zu wollen. Deshalb gehören Kinderbücher auch in die Grundschule. Allein eine tägliche zehnminütige Vorlesezeit vervielfacht die Leseneugierde. Hören, zuhören, sprechen und lesen bilden eine Einheit als kommunikative Grundlage. Sie sind Voraussetzungen für jedes Lernen, bilden die Basis für das Erlernen der eigenen oder einer fremden Sprache und tragen zur Sozialkompetenz bei. Daraus erwächst auch die Fähigkeit, Wesentliches von Unwichtigem zu unterscheiden. Erst auf dieser Grundlage erhält das Gehörte eine Bedeutung.

Vorlesen fördert außerdem die Konzentration, das „Still-halten-können" und das Hörverstehen des Kindes. Dabei kann man Wörter nur hören und begreifen, wenn man sie versteht.

Hören und Laute entdecken

Hören ist eine Schlüsselqualifikation im Leben eines Menschen. Nur durch Hören erhält man Zugang zur akustischen Welt. Akustische Wahrnehmungsstörungen, die z. B. das Heraushören bestimmter Laute erschweren und damit den Lese- und Schreiblernprozess beeinträchtigen, sollten frühzeitig erkannt werden.

Lautübungen unterstützen genaues Sprechen, Hören, Schreiben und Lesen. Während die Atemluft durch den Mund ausströmt, werden die Stimmbänder im Kehlkopf zum Schwingen gebracht. Dabei ist die Stellung von Zunge, Lippen und Kiefer sehr wichtig. Mithilfe solcher Übungen wird das Kind unterstützt, Laute richtig zu bilden. Die Übungen werden immer wieder für einige Minuten durchgeführt, wobei die Laute laut rufend bis leise flüsternd gebildet werden können. In einem Spiegel beobachten Kind und Pädagoge die Mundstellung.

Das Kind kann sich auch eigene Wunschwörter suchen oder Quatschwörter ausdenken, mit denen es spielerisch übt. Wichtig ist, dass die Angebote das Kind ansprechen, es zum Mittun animieren und ihm Freude bereiten.

Kommen während des Übens Auffälligkeiten zutage, sollte das Kind einem Logopäden vorgestellt werden.

Vokalübungen:
a: als Atemübung
e: modelliert die Sprechmelodie
i: kurzes oder langes i sprechen, um Wörter klar formulieren zu können
o: unterstützt, kräftig gesprochen, die Mundmotorik
u: lässt bereits während der Übung entdecken, wie Sprechen und Ausatmen in Einklang gebracht werden
ü: verfeinert das Gehör

Übungen mit Konsonanten:
j: verfeinert das Gehör
d/t: beugen Lispeln vor
r: unterstützt den Sprech- und Luftweg und hilft gegen Verspannungen im Nasen-Rachenraum
z: „verflüssigt" die Sprache
s/sch: trainieren die Mundmotorik und beugen Lispeln vor

Zu jedem Laut kann man mit den Kindern kleine Laut-Gedichte kreieren. Ein Gedicht für die Laute *s/sch* könnte zum Beispiel sein:

Susi, die liebe, schöne, schnelle Schlange, sonnt sich in der Sonne schon sehr lange.
Susi, die Schlange, schlängelt sich schnell nach Haus, sie ruht sich schön im Schatten aus.
Susi schlappert schmatzend Schlangensaft.
Sechs Schnecken, sieben Schnaken, das gibt Kraft.
Spät abends schleicht schlängelnd sie sich ins Schlangennest, sst, scht, ssst, schlaft recht fest.

Prävention der Lese-Rechtschreibschwäche

Was bedeutet phonologische Bewusstheit?

Die phonologische Bewusstheit ist neben Intelligenz, früher Schriftkenntnis, visueller Aufmerksamkeit und guter Gedächtnisleistung das bedeutendste Vorläufermerkmal für den Lese-Rechtschreibprozess. Unter phonologischer Bewusstheit versteht man die Fähigkeit, die Lautstruktur der gesprochenen und später geschriebenen Sprache zu erfassen und ein Wort in seine einzelnen Lautbestandteile zu zerlegen. Defizite in diesem Bereich bergen ein Risiko für die Ausbildung einer Lese-Rechtschreibschwäche.

Kinder müssen stabile Kenntnisse über das Zerlegen der Sprache und das Zuordnen der entsprechenden Buchstaben erwerben. Laute und Silben muss das Kind hören. Es muss ausmachen können, mit welchem Laut ein Wort beginnt und in welche Silben man es zerlegen kann. Beim Sprechen und Klatschen des Wortes muss es Wortlängen unterscheiden können.

Das Heraushören der Anlaute fällt Kindern im Gegensatz zu End- und Mittellauten zumeist leicht: Mama – Marmelade – Michael beginnen mit *m* (nicht *em* sprechen). Sie müssen aber beachten, dass auch Anfangslaute die Wortbedeutung ändern: Bein/Pein.

Wichtig ist, dass Übungen zur phonologischen Bewusstheit wiederholend durchgeführt werden. Regelmäßiges Üben unterstützt und hilft, bereits Erlerntes zu festigen, damit es in Können übergehen kann. Das Kind wird durch Üben sicherer und erfolgreicher, wodurch seine Lernmotivation steigt und Versagensängste abgebaut werden. Dadurch treten Fehler immer seltener auf.

Übungen zur Prävention einer Lese-Rechtschreibschwäche

Ein Wort kann man in Wortbausteine gliedern (Kinder – Garten, Kinder – Buch, Kinder – Haus) oder in Silben unterteilen (Kin-der-garten). Bei jeder Silbe wird gehüpft, geklatscht, geschnalzt usw. Auf diese Weise wird das phonologische Bewusstsein geschärft und das Lautsprachenprinzip erkundet. Die Kinder entdecken Reimwörter wie *Haus* und *Maus* und bilden daraus Sätze: Die kleine Maus wohnt im großen Haus. Sie hören Anfangslaute (Mama – Marmelade – Maikäfer) und Endlaute (Haus – Maus – Klaus) heraus.

Mit diesen Übungen werden die Kinder angeregt, zu lauschen, hinzuhören und zuzuhören. Sie hören Laute und Silben heraus, sprechen Wörter genau nach und entdecken grammatische Phänomene wie Wortendungen, Artikel oder die Mehrzahlbildung. Auf diese Weise werden die Grundpfeiler gelegt für Lesen und Schreiben.

Übungen zur phonologischen Bewusstheit:
- Laute aus Wörtern heraushören, Wortlängen untersuchen, Silben klatschen
- Ein Wort in seine Lautbestandteile zerlegen, erst dann komplett aufschreiben
- Reimwörter entdecken
- Fingerspiele, Fußspiele, Reime, Rätsel, Zungenbrecher selbst erfinden
- kleine Reime ergänzen (Auf der Wiese wohnt ein … Riese. In dem Haus wohnt eine … Maus.)
- gleich klingende Wörter unterscheiden wie Beeren und Bären, Tier und Tür

Übungen für das Kurz- und Langzeitgedächtnis:
- Lied oder Reim auswendig lernen und am nächsten Tag vortragen
- jemandem eine Aufgabe erklären
- sich an Symbole erinnern und diese aus dem Gedächnis reproduzieren
- gehörte Arbeitsanweisungen merken und genau befolgen
- Gelerntes auf einem Arbeitsblatt wiedererkennen und das Blatt folgerichtig gestalten und lösen
- genannte Materialien holen und bereitlegen
- Wörter und kleine Sätze korrekt nachsprechen, dabei tanzen, ein Tuch schwenken oder sich rhythmisch dazu wiegen
- Lieder in der Melodie und im Text sicher und genau wiedergeben

Weitere Sprachübungen:
- rhythmische, psychomotorisch orientierte Spiele
- Sprache mit Bewegung begleiten, mit allen Sinnen zur Bewegung finden
- Buchstaben oder Zahlen malen, dazu Wörter suchen und sprechen („S wie Sonne …" … „Aus der Drei entsteht ein Hase." usw.)
- Sprachmelodien entdecken: ein Wort leise, laut, traurig, müde, langsam, mutig … sprechen
- über das eigene Handeln sprechen: „Ich hole die Schüssel, dann gebe ich das Mehl rein, …
- zu Vorlesegeschichten stimulierende Bilder malen und sie mit Bildunterschriften versehen
- Rollenspiele, Pantomime mit Handlungssituationen verknüpfen (ein Bäcker verkauft sprachlos ein Brot)
- Motorik schulen mit springen, hüpfen, balancieren, Ballspielen, Hampelmann, Purzelbaum

2 Vom Kritzeln zum Schreiben

Schreiben als Spontanhandlung

Kinder zeichnen gern Spuren – im Sand, im Matsch, im Garten neben dem Blumenbeet, im Schnee oder auf dem Waldboden. Dies geschieht spontan. Ein zufällig gefundener kleiner Ast verführt dazu, herrliche Kringel, Linien, Kreise oder Bilder in den Untergrund zu ritzen.

Kinder brauchen diese spontanen, spielerischen Übungsmöglichkeiten und Situationen, in denen sie sich erfahren und erproben können. Aber nicht immer gelingt es dem Kind, beim ersten Versuch Erfolge zu verbuchen. Kaum hat es am Strand ein Bild entworfen, zerstört eine Welle das Kunstwerk.

Um solche Konflikte durchzustehen, mit Misserfolg umzugehen, Probleme zu erkennen, anzupacken und zu lösen, benötigt das Kind ein breit gefächertes Übungsfeld. Mit jedem Ausprobieren wird sein Selbstvertrauen gestärkt, denn es erfährt, dass es sich selbst vertrauen darf.

Kinder erproben sich im täglichen Leben ständig. Aktivitäten wie malen, kritzeln, zeichnen, schreiben, tanzen oder sich bewegen sind für sie faszinierend und was sie in der Hand halten, ist meistens geeignet, Spuren zu hinterlassen. Ob im Sandkasten, auf einem Blatt Papier oder an der Kinderzimmerwand. Jeder Versuch bedeutet ein Lernen am Erfolg mit ganzheitlichen Angeboten und Methoden.

Lernen mit Herz, Hand, Sinn und Verstand

Ganzheitliche Lernerfahrungen eröffnen Chancen, rasche und längerfristige Lernerfolge zu erleben und Erfolgserlebnisse zu sammeln. Soziale und kognitive Werte erfahren Unterstützung, werden positiv erlebt und verinnerlicht. Anerkennung stärkt das Ich-Bewusstsein, Lob beflügelt und erweitert Selbstwertgefühl und Selbstsicherheit. Dies wiederum ermöglicht ein positives Lebensgefühl, das Kind erfährt Wertschätzung und emotionale Wärme von außen und entdeckt seine eigene Kreativität; das kognitive und soziale Lernen wird unterstützt und gefestigt.

Jedes Kind ist neugierig und der Wunsch, Neues auszuprobieren, motiviert die bisher schon gewonnene Sicherheit. Misserfolge können dies in Frage stellen, fordern jedoch gleichzeitig das Kind heraus, neu zu kombinieren, zu experimentieren und auch ungewöhnliche Mittel mit einzubeziehen. Lernt ein Kind z. B. laufen, gibt es trotz der unendlichen Misserfolgserlebnisse und schmerzhaften Begegnungen mit der Erdanziehung nicht auf und startet unermüdlich neue Gehversuche.

Das Kind lernt neue Begriffe, wenn es Erfahrungen mit den zu bezeichnenden Gegenständen macht. So entdeckt es z. B., dass ein Buntstift eine andere Spur hinterlässt als ein Kugelschreiber, ein Bleistift, Fingerfarben oder ein Stück Kreide. Neue Entdeckungen, Erfahrungen und Informationen, aber auch stetige Wiederholungen regen das Gehirn an, intelligente Lösungen zu speichern. Wichtig ist, dass sich das Kind konzentriert, sich ausdauernd mit einer Sache beschäftigen kann und gleichzeitig Spaß am eigenen Tun empfindet. Diese Motivation erhöht jeden Lernerfolg und trainiert beide Gehirnhälften. Während die linke Hirnhälfte auf handlungsorientiertes Arbeiten, auf Logik oder Sprache spezialisiert ist, sitzen in der rechten die Bereiche, die für Gefühle, Kreativität oder das Raumempfinden verantwortlich sind. Beides benötigt der Mensch für seinen Handlungen.

Dass Kinder unterschiedliche Lerntypen sind und unterschiedlich lange Zeit zum Gestalten und Erledigen einer Aufgabe benötigen, ist im Unterricht zu berücksichtigen und einzuplanen.

Erste Schreibversuche

Kinder beobachten Erwachsene und versuchen deren Handlungen nachzuahmen. Sie sehen die Eltern mit einem Stift etwas aufschreiben und möchten dann ebenfalls mit einem Stift ausprobieren, Spuren auf einem Blatt zu hinterlassen. Sobald Kinder ein Schreibgerät (Wachsfarben, Fingerfarben, Kreide, dicke Buntstifte) mit der Hand festhalten können, greifen sie auch danach und machen sich mit diesem faszinierenden Gegenstand vertraut.

Das Kind arbeitet mit der ganzen Hand und hält das Schreibgerät mit der Faust gut fest. Zunächst verlaufen diese Schwung-Kritzeleien in einem ungeordneten Hin und Her. Sie sind lustbetont und dienen nur der Freude am Spuren aufzeichnen. Es werden wilde Kreisspuren und Knäuel gezeichnet. Mit großen Schwüngen und dem Einsetzen des ganzen Armes aus der Schulter heraus malt und schreibt das Kind weit ausholend in großen und groben Bewegungsabläufen.

Im zweiten Lebensjahr erfahren diese ersten Kritzeleien eine bestimmte Ordnung. Sie werden kreisförmig und wechseln vom Schwungkritzeln zum krakeligen Kreiskritzeln. Dabei entstehen auch gerade Spuren, bei denen das Kind schwungvoll mit dem Stift auf das Papier hackt, begleitet durch Körperbewegungen. Die bisher großzügigen Bewegungen werden kleiner und beziehen das Handgelenk mit ein. Die so entstehenden Zeichen passen nun auf ein großes Blatt, auf Tapetenreste oder auf eine Kindertafel. Manche Kinder malen mit beiden Fäusten gleichzeitig.

Kritzeln ist eine lustbetonte, spielerische Auseinandersetzung und bezieht den ganzen Körper mit ein. Je nach Entwicklungsstand des Kindes entstehen aus diesen spontanen Schwungübungen die ersten Grundformen. Das Kind hat sich nun erfolgreich mit einem Stift und seinen Spuren beschäftigt. Es gelingt ihm, auf dem Papier zu bleiben und nicht mehr darüber hinaus zu malen, es entdeckt, dass unterschiedliche Malunterlagen und verschiedene Schreibgeräte unterschiedliche Ergebnisse hervorbringen. Das ist faszinierend und fordert das Kind immer wieder neu heraus, die Welt der Spuren weiter zu erforschen.

Spuren lassen sich überall entdecken, wenn Kinder neugierig sein dürfen. Die Schnecke hinterlässt eine Schleimspur auf der Gehwegplatte, ein Regenwurm eine Kriechspur auf der Straße. Es gibt Spuren im Sandkasten und auf dem frisch gebackenen Kuchen. Am Himmel malen Flugzeuge weiße Spuren, auf dem Waldboden, im Schnee oder Sand finden sich Trittspuren von Tieren, und am Strand lassen Wellen wunderschöne Rillenspuren zurück. Kinder kennen Tränenspuren im Gesicht, wenn man geweint hat, und Spuren von schmutzigen Gummistiefeln im Hausflur. Indianer lesen Spuren und Fährten, aber auch Hunde erschnüffeln sie.

Schriftzeichen als Nachahmung

Das Kind macht bald große Fortschritte. Mit etwa drei Jahren entdeckt es sich selbst, sein eigenes Ich. Es denkt in Bildern und zeichnet diese auf. Um diese Bildersprache auszuleben, benötigt es nun unterschiedliche Angebote. Der Erwachsene sollte dem Kind aber keine Bilder vorzeichnen. Kinder entdecken die Welt des zeichnerischen Gestaltens von selbst. Vorzeichnungen des Erwachsenen hemmen das Kind, sein eigenes Können zu entdecken und sein Selbstvertrauen in dieses zu entwickeln.

Kinder malen keine Abbilder sondern Sinnbilder von dem, was sie aus dem Augenblick heraus entdecken, erleben oder empfinden. Spannend ist es, Kinderzeichnungen zu sammeln und mit Datum zu versehen. Sie ergeben im Laufe der Jahre eine einmalige Dokumentation über die Entwicklung des Kindes.

Die dritte Schriftstufe ist geprägt durch die Nachahmung der elterlichen Handschrift. Die Kinder greifen nun gezielt zu Buntstiften, Filzstiften, Bleistift oder Kugelschreiber. Aus den bisher groben Strichen entstehen erste, feine Linien. Hand und Auge arbeiten verstärkt miteinander, das Kind versucht nun willentlich, etwas schriftlich zu gestalten und überlässt das Ergebnis immer weniger dem Zufall. Es möchte nun etwas ganz Bestimmtes darstellen. Kreuze, Kreise und Linien beherrschen nun das Bild. Die ersten Kopffüßler entstehen. Aus dem kreisrunden Kopf wachsen Arme und Beine. Die ersten Tiere werden dargestellt. Manchmal schweben die Darstellungen über das Blatt.

Die frühen Kritzelbriefe enthalten Elemente der Schrift. Sie bestehen aus runden Formen, aus Zacken und eingefügten nebeneinander angeordneten Schriftzeichen. Das „Geschriebene" wird vom Kind nachträglich gedeutet und „vorgelesen". So entsteht der erste Brief an die Oma. Das Kind entdeckt seine Hand als geschicktes, vielseitig einsetzbares Werkzeug.

Im Alter von etwa vier bis fünf Jahren beginnen Kinder, die Zeichen aufzulösen. Es entstehen Wortbilder. Die Kinder malen nun in Zeilen, und die bisher meist großen Bewegungen aus dem Arm heraus werden feiner. Das Handgelenk und die Finger kommen immer mehr zum Einsatz. Die Formen werden kleiner und das Schriftbild entwickelt sich in Normalgröße. Grundformen aus Bögen, Kreisen, Kringeln und Girlanden mischen sich dazu. Jetzt sollte darauf geachtet werden, dass das Kind den Stift richtig hält: Zwischen Daumen und Zeigefinger, von unten her unterstützt durch den Mittelfinger.

Die Kinderzeichnungen erhalten ein Unten und ein Oben. Die Bildelemente stehen auf dem Boden, und das Blatt wird durch den Himmel begrenzt. Die dargestellten Dinge stehen dicht nebeneinander und berühren sich manchmal. Kinder zeichnen nun alles, was sie bewegt, beeindruckt, erfreut aber auch ängstigt. Menschen, Tiere, Pflanzen, Fahrzeuge, Erlebnisse, Märchen werden dargestellt und mit Mustern und Linien ausgeschmückt. Bewegungsmuster entstehen, die Bilder verlieren ihre Starre und Statik, werden geschmeidig und lebendig. Man sieht, wie der Schmetterling fliegt, das Auto rattert und das Kind springt.

Experimentieren ist nun angesagt. Wasserfarben und angerührte Pulverfarben werden entdeckt. Man kann ein Blatt Papier auf etwas legen, mit dem Stift darüberfahren und erhält ein Abdruckbild. Modellieren mit Ton, Knete, Salzteig oder Pappmachee kommt ebenso dazu wie genaueres Ausmalen und das Anfertigen von Faltarbeiten, die ein exaktes Arbeiten und feinmotorische, fantasievolle Ausgestaltung einfordern. Ausschneiden und Dinge aufkleben werden neu entdeckt.

Etwa ab dem fünften Lebensjahr, mit Beginn der Schulreife und dem nahenden freudig erwarteten Schuleintritt, wird das Mitteilungsbedürfnis stärker. Die Bilder werden komplexer, detaillierter und farbenfroher. Erlebnisse und Situationen werden bis ins Detail zeichnerisch festgehalten. Es entstehen Fantasiedarstellungen: Marsmännchen werden erfunden oder ein Urtier zeichnerisch dargestellt. Kinder entdecken, dass man mit Wasserfarben nicht nur malen kann, sondern dass Farben sich mischen und ineinanderfließen können. Auf feuchtem Papier werden Farbkleckse aufgetragen, es entstehen reizvolle Farbmischungen, die wiederum miteinander verschmelzen. Papierarten werden entdeckt. Mit Seidenpapier und Transparentpapier entstehen zauberhafte Fensterbilder. Farbenprächtige Muster, Ornamente oder Mosaiken werden mit Korken aufgedruckt. Mit den eigenen Fingern und Händen lässt sich wunderbar experimentieren.

Nun interessiert sich das Kind für einzelne Buchstaben und Zeichen. Es malt diese ab und kopiert sie. Es beobachtet Erwachsene beim Zeitunglesen. Da sie sich nur ungern stören lassen, schließt das Kind daraus, dass lesen wichtig sein muss, also etwas ist, das sich nachzuahmen lohnt.

Voraussetzung für eine spätere Schreibfreude ist die richtige, unverkrampfte Stifthaltung und gutes Schreibwerkzeug. Die Handmuskulatur kann durch Fingerspiele entspannt und geschmeidig gemacht werden, ebenso durch malen, falten, reißen, modellieren, schneiden, weben, flechten, puzzeln oder Perlen auffädeln.

Diese Lernprozesse verlaufen zeitlich und feinmotorisch sehr individuell.

Vor der Einschulung beginnen Kinder, ihren Namen in Druckbuchstaben zu schreiben. Die Buchstaben sind zusammengesetzt, unsicher, krakelig oder verdreht. Kinder sind fasziniert, etwas eindeutig zu kennzeichnen und als Eigentum zu klassifizieren. Sie entdecken ihre Buchstaben-Neugier und schreiben alles ab, was sie sehen: Schilder, Reklamezeichen, Zeitungsüberschriften. „Mama, schreib bitte das Wort Oma vor". Dann wird mit Feuereifer abgeschrieben. Es kann der eigene Name sein, Namen von Freunden oder Familienmitgliedern bis hin zu einem Glückwunsch oder einer kleinen Liebeserklärung wie „Ich hab dich lieb".

Kinder erproben Buchstaben und Zahlen mit unterschiedlichen Materialien. Buchstaben aus der Buchstabensuppe in ungekochtem Zustand herauszufischen und zu einem Namen zusammenzusetzen ist genauso spannend wie aus Russischem Abc-Brot ein Wort zu legen und hinterher genüsslich aufzuessen. Buchstaben können in den Sand, in Mehl oder Ton geschrieben, aus Zeitungspapierröllchen gelegt oder mit Plätzchenteig ausgestochen oder gerollt werden.

Manchmal diktiert das Kind dem Erwachsenen einen Gruß oder kleinen Text, den sie danach abschreiben. Kinder können aus einem Buchstabensalat ganze Geschichten herauslesen. Als Erwachsener sollte man sich darüber freuen, wenn Kinder ihre Schrift-Zeichen zu Geschichten erweitern, um sie jemandem vorzutragen. Schwierig wird es, wenn das Kind den Erwachsenen auffordert, den Brief vorzulesen. Niemals sollte man sagen, dass man ihn nicht lesen kann, oder den Buchstabensalat aus aneinandergereihten Buchstaben tatsächlich vorlesen. Dieser ergibt natürlich keinen Sinn. Deshalb sollte das Kind aufgefordert werden, seinen Brief dem Adressaten selbst vorzulesen, damit dieser staunen kann, wie tüchtig das Kind schon ist. Kinder sind fasziniert, schriftliche Botschaften anzufertigen und manches Kind bringt sich dabei selbst lesen und schreiben bei.

Selbstverständlich schreibt das Kind so, wie es spricht. Dabei lässt es zwischen den einzelnen Wortbildern normalerweise keinen Zwischenraum. Es ist mühsam, den Text zu entziffern und erfordert die ganze Kreativität und Kombinationsgabe eines „Detektivs" heraus, denn aneinandergereihte Wörter ohne Zwischenräume kann man mit den Augen nur schwer lesen.

(Bis zum Mittelalter gab es im lateinischen Schriftgebrauch keine Wortzwischenräume, deshalb murmelte man beim Lesen halblaut vor sich hin. Aus diesem Vor-sich-hin-Murmeln entwickelte sich das leise oder halblaute Lesen. Dabei hört man selbst den Klang des Wortes und versteht somit, was man liest.)

Für den Schreibanfänger ist die Verwendung der Druckschrift einfacher als Schreibschrift. Sie begegnet den Kindern auch eher auf Schritt und Tritt in allen schriftlichen Medien. Die Ausgangsschrift oder Schreibschrift verbindet die Buchstaben miteinander und ist schwieriger zu gestalten.

3 Kinder erobern die Schriftsprache

Sprechen – Schreiben – Lesen

Sprache ist die Verständigung über einen Code, den Menschen irgendwann untereinander vereinbart haben. Laute, die z. B. Schmerz, Bewunderung oder Begeisterung ausdrücken, sind bloßer Sprachausdruck. Sprache ist wichtig, um sich zu verständigen, um Gefühle, Gedanken, Vermutungen und Meinungen auszudrücken. Man teilt sich mit, knüpft Kontakte, versteht und bewältigt die Welt.

Ohne Sprache ist eine Verständigung nicht möglich. In der Familie, im Kindergarten oder in der Schule teilen wir ständig etwas mit. Laut Gesprochen wird z. B. wenn man Fragen stellt, Gehörtes nachberichtet, Aufgaben mit eigenen Worten wiederholt oder wenn man etwas erklärt. Dabei gilt: Erst wenn Wörter verstanden und begriffen werden, können sie auch richtig ausgesprochen und in einen Sinnzusammenhang, d. h. in einen Satz gebracht werden.

Die Sprache als Mitteilungsform schließt nicht nur das gesprochene Wort, sondern auch den ganzen Bereich der Körpersprache mit ein: Gestik als Sprache der Arme, Hände Finger und Beine, Mimik als Gesichtssprache. Gestik und Mimik bilden eine Einheit und haben eine große Wirkung auf unser Gegenüber.

Sprache ist ein komplexer ganzheitlicher Vorgang, der Körper, Geist und Seele einbindet. Die Haltung eines Körpers spricht zu uns, wir entdecken in ihr Angst oder Freude, aber auch Bewegungsformen wie schleichen, die Leichtigkeit des Tanzes usw.

Mit unserem Körper senden wir ständig und meist unbewusst Signale aus. Die Gesichtssprache, die Mimik, drückt dabei am deutlichsten unser Inneres, unsere Gefühlslage aus. Vor allem die Augensprache ist kaum kontrollierbar. Man sagt daher: Die Augen sind das Fenster zur Seele, oder Augen können nicht lügen.

Eine andere Form von Sprache ist die schriftliche Sprache. Durch Vorlesen des Geschriebenen wird sie wieder zur gesprochenen Sprache.

Wie die mündliche Sprache trägt auch die Schrift zur Kommunikation bei. Sie bildet eine Verbindungsbrücke zum Partner, zur Gemeinschaft und ist ein Fenster zur Welt. Geschriebenes beinhaltet Mitteilungen für Gedanken, Gefühle und Meinungen und hält Wissen für später fest. Im Laufe der Geschichte löste Schreiben das mündliche Überliefern ab, denn im gesprochenen Wort schleichen sich nicht nur Fehler ein, vieles wird später vergessen oder nur ungenau erinnert, wertvolle Ideen und Gedanken gehen verloren.

Schrift dagegen ist Kommunikation für Bleibendes, nachlesbar noch in tausend Jahren. Sie entlastet unser Gedächtnis, denn wir können uns unmöglich das gesamte Wissen der Welt merken.

Schreiben und Schrift wird auch im Alltag zur Erinnerungshilfe, sonst würde man beim Großeinkauf einiges vergessen. Schreiben ist Dokumentation als Geburtsurkunde oder Zeugnis. Mit Schreiben können wir auf einer Geburtstagskarte unsere Freude ausdrücken oder auf einer Beileidskarte unseren Trost spenden. Schrift ist Information; man erfährt, wann der Zug abfährt, das Flugzeug landet, oder was in der Zeitung berichtet wird. Schrift hilft als Anleitung, etwas zusammenzubauen oder ein elektrisches Gerät anzuschließen. Buchstaben vereinigen sich zu einem wunderschönen Gedicht und sprechen unser Inneres, unsere Gefühle, an. Schrift beflügelt unsere Fantasie, wenn wir eine Geschichte hören, lesen oder schreiben. Sie entführt uns in längst vergangene Zeiten beim Lauschen einer spannenden Rittergeschichte, sie erfüllt Träume, wenn wir von Schlössern, Prinzen oder Prinzessinnen hören. Wir sind umgeben von Schrift – auf Briefen, Postkarten, in Büchern oder Zeitschriften, aber auch auf dem Computerbildschirm und in anderen Medien. Schrift ist überall und immer präsent.

Beim Schreiben werden Laute in Buchstaben umgewandelt, dabei spielt die genaue Reproduktion eine entscheidende Rolle, da sich Buchstaben untereinander oft sehr stark ähneln. Ihre Bedeutung erhalten sie durch ihre persönliche, unverkennbare und nicht zu verwechselnde Raumlage. Diese Einzelsymbole werden schließlich individuell zu einem kompletten Wort zusammengefügt.

Lesen bedeutet umgekehrt, das geschriebene Wort zurück in die Lautsprache zu übersetzen. Es geht um das Erfassen der Buchstaben, die Dekodierung der Schriftzeichen, die Sinnerfassung der Wörter und Sätze und um das Verständnis der Zusammenhänge. Dies alles bildet eine Einheit und muss von Kindern erst mühsam erlernt werden.

Kinder entdecken die Schriftzeichen

Bereits vor der Einschulung werden wichtige Vorerfahrungen zur Lesefähigkeit gemacht. Die Kinder lernen, die Dinge, die sie sehen oder fühlen, in Worte zu übersetzen. Während sie Bilderbücher betrachten, sprechen sie über den Inhalt und erläutern die Bilder. Sie erklären ihre Mal- oder Bastelarbeiten und kleiden ihre Gedanken, Gefühle, Wünsche und Erlebnisse in eigene Worte. Genauso nähern sich Kinder Schriftbildern. Sie wissen, dass ihre Schriftzeichen einen Bedeutungswert haben.

Kinder kennen und deuten unterschiedliche Zeichensprachen und prägen sich deren Formgestalten, Symbole und Zeichen ein. Sie kennen das Postsymbol, erkennen Verkehrsschilder, deuten den Zebrastreifen richtig, wissen, wo in der Bücherei Bilderbücher zu finden sind, gehen zielstrebig auf ein Bäckereisymbol zu oder sehen die Eistüte auf dem Fahrzeug, die den Eisverkäufer ankündigt.

Auch Bilder- oder Sachbücher fordern die Kinder heraus. „Da ist ein M wie bei meinem Namen Martin. „Wir haben dieselbe Hausnummer wie auf dem Haus im Bilderbuch." „Die Dachziegel sehen aus wie lauter Us."

Bevor die Kinder beginnen, systematisch lesen und schreiben zu lernen, machen sie vielerlei solche Entdeckungen. Anhand von visuellen Merkmalen und Details werden Buchstaben und Zahlen wiedererkannt. Dabei müssen die Kinder genau schauen und auf die Anordnung der Striche, Bögen, Arkaden und Schleifen achten.

Beim späteren Schreiblehrgang kommt es wiederum auf eine genaue Formwiedergabe an. Formen müssen verinnerlicht sein, damit sie jederzeit rasch abrufbar sind. Ähnliche Buchstaben verwirren und können unsicher machen. Deshalb empfiehlt es sich, ähnliche Zeichen nicht gleichzeitig einzuführen, wie z. B. *W* und *M*, *b* und *p*, die Zahlen 6 und 9 oder den Buchstaben *E* und die Zahl 3.

Damit Kinder sich keine falsche Schreibweise angewöhnen, ist es wichtig, ihnen zu zeigen, wie Zahlen und Buchstaben aufgebaut sind, welche Raumlage sie einnehmen und wie man diese richtig schriftlich umsetzt.

Zunächst werden einige Zahlen oder Buchstaben vom Kind schnell verwechselt. Es schreibt die Formen verdreht oder gespiegelt, weil es in die falsche Richtung schaut. Aus einer 6 wird so schnell einmal eine 9 oder aus dem *u* ein *n*.

Mitunter können die falsch geschriebenen Wörter eine völlig neue Bedeutung tragen: bellen – pellen.

Die systematische Erarbeitung der Formen

In der Vorschulzeit lassen sich Buchstabenformen spielerisch üben. Aufgemalte Formen dürfen abgehüpft, nachgelaufen und nachgefahren werden. Aus dieser Grobmotorik von großen und groben Symbolen entwickeln sich die feineren und kleineren Formen, die Feinmotorik bildet sich aus.

Folgende Aktivitäten fördern das Bewusstsein über die Buchstabenformen:
- Zeichen in die Luft malen
- Buchstaben mit Bändern oder Seilen legen, Spuren abgehen, hüpfen, tanzen, dazu klatschen oder stampfen
- Buchstaben mit Salzteig oder Knete modellieren, reißen, malen, falten, basteln
- freie Schreibversuche unternehmen

Schreiberziehung sollte neben der Hand- und Körperschulung auch Übungen zur Form-Differenzierung und Raum-Lage-Orientierung anbieten. Kinder kennen die Grundformen Kreis, Dreieck, Rechteck, Quadrat, Viereck. Begriffe wie *gerade*, *eckig*, *rund*, *gezackt*, *krumm*, *geschlängelt* usw. sind den meisten Kindern vertraut.

Schwieriger sind Schriftformen wie Schleifen, Girlanden oder Arkaden. Besonders schwer fällt vielen Kindern das Überkreuzen, d.h. das Zeichnen der Stellen, an denen die Linienführung Kreuzungen aufweist. Kreuzungen sollten daher besonders intensiv geübt werden.

Schreiben lernen benötigt Zeit und Pausen, um das Gelernte zu speichern und ein positives Selbstwertgefühl aufzubauen. Nur damit traut sich das Kind unbeschwert und neugierig an Neues und Unbekanntes heran und löst die Aufgaben. Es entdeckt und sammelt eigene Strategien aufgrund dieser Selbsterfahrung.

Wichtig ist auch, dass den Kindern die richtige Stifthaltung gezeigt wird. Das Erlernen der Buchstaben und Zahlen in der Schule wird ihnen somit erleichtert.

Schriftzeichen bei uns und anderswo

Der Vergleich verschiedener Schriftsysteme lässt bestimmte Eigenschaften stärker hervortreten. Kinder entdecken Gemeinsamkeiten und Unterschiede.

Bei uns schreibt und liest man z. B. von links nach rechts. In einigen anderen Ländern wird von rechts nach links, aber auch von oben nach unten oder unter der Linie geschrieben.

Im Unterricht nähern sich die Kinder auf vielfältige Weise anderen Schriften:
- Schriften aus aller Welt sammeln und besprechen (Zeitungen aus dem Urlaub, Lexika, Internet)
- Bilderschriften der Indianer, Hieroglyphen, Blindenschrift oder das Fingeralphabet für Gehörlose in unsere Buchstabenwelt übertragen
- den eigenen Namen in ägyptische oder chinesische Schriftzeichen übersetzen
- Mit geknüllten Papierkügelchen (Seidenpapier, Zeitungspapier) Wörter in Blindenschrift aufkleben
- Ziffern bei uns und anderswo entdecken: Wie sehen die Zahlenbilder bei uns, in China, in der Keilschrift der Phönizier oder in den Arabisch sprechenden Ländern aus?
- eigene Buchstaben erfinden und als Geheimschrift benutzen
- Migrantenkinder bitten, Schriftproben von zu Hause mitzubringen oder ihre Eltern einladen
- untersuchen, wie und worauf man früher geschrieben hat (z. B. Sütterlin, Deutsche Schrift)
- der Frage nachgehen, wie die Schrift überhaupt entstanden ist

Im Unterricht sollten die Kinder auch einmal aufgefordert werden, eigene Zeichen zu erfinden. Wie wäre es mit einem Zeichen für Pause, für Aufräumen, Partnerarbeit, Hilfsbereitschaft, still sein oder Hausaufgaben machen?

Im Kinderkochkurs vereinbart die Klasse Zeichen für Zutaten, im Sportunterricht überlegen sich die Kinder Zeichen für die einzelnen Turngeräte und im Musikunterricht erfinden sie Symbole für die verschiedenen Musikinstrumente. Indem sie selbst Zeichen und Symbole mit einer Bedeutung versehen, können die Kinder ihre Funktion am ehesten erfahren.

Einsicht in die Struktur der Schriftsprache gewinnen

Kinder müssen Einsicht in die Lautstruktur unserer Schriftsprache gewinnen, wenn sie lesen und schreiben lernen. In der Vorschule werden daher gezielte Übungen angeboten. Dabei geht es um das Heraushören einzelner Laute in Wörtern, um das Durchgliedern von Wörtern in Silben und das Entdecken von Reimwörtern. Neben Übungen zur akustischen Wahrnehmung sollte aber auch die Gedächtnisleistung, darunter die Erinnerungsgeschwindigkeit, trainiert werden, denn zur Reproduktion von Wörtern gehört auch ein gut funktionierendes Gedächtnis.

Es gibt noch eine Reihe weiterer Aktivitäten in der Vorschule, mit deren Hilfe sich die Kinder der Schriftsprache nähern können.

Hilfreich ist z. B. der Vergleich mit einem Puzzlespiel: Aus einzelnen Puzzleteilen wird ein Gesamtbild (Puzzlebild) zusammengefügt; aus Lauten wird ein Wort (Wortbild) und aus einzelnen Wörtern ein sinnvoller Satz (Satzbild) gebildet. Erst aneinandergereiht ergeben einzelne Teile einen Sinn. Paar- oder Suchspiele schulen die Konzentration und Merkfähigkeit und indirekt auch die Differenzierung der Zeichenformen.

Singen leistet in der Vorschule ebenfalls einen wertvollen Beitrag zum Schriftspracherwerb. Ein Lied ist gesungene Sprache und fällt vielen Kindern leichter als gesprochene Sprache. Die Melodie bildet dabei ein Sprach-Musik-Geländer: Selbst Kinder, die beim Sprechen stottern, können ohne Probleme die Texte störungsfrei singen. Beim Singen werden außerdem Wörter in Silben getrennt. Die Kinder trainieren nebenbei das Durchgliedern von Wörtern.

Akustische Wahrnehmung und Gedächtnisleistung trainieren

- Wörter sammeln, die mit dem gleichen Laut beginnen, wie Schule, Schokolade, Schrank, Schnee, Schwein
- Wörter in Wörtern hören: Schulbus: Schule und ein Bus – Kinderfest: Kinder und das Fest
- Zungenbrecher sprechen und erfinden
- reimen (In dem Haus, da wohnt der Klaus. Auf dem Po, da sitzt ein Floh.)
- Gedichte erfinden, Reimwörter finden und Gedichte ergänzen
- auf Fragen rasch antworten: Welche Farbe hat die Sonne? ...
- rasch zuordnen: Ist die Tomate blau, rot oder weiß? ...
- Silben erkennen und Wörter trennen: Kin-der-gar-ten
- lange Wörter in Silben klatschen oder trampeln, dabei die Silben zählen: Eis – einmal klatschen, Schul-ran-zen – dreimal trampeln
- aus der Erinnerung grafische Symbole reproduzieren
- Laute heraushören: Wo ist ein *m* – am Anfang, in der Mitte oder am Wortende?
- Laute heraushören: Wo ist das *au* versteckt (Maus – Auto – Aufgabe – Radau – miau)
- Mundstellungen entdecken: breiter Mund bei *i*, runder bei *o*, offener Mund bei *a* usw.
- Zungenstellung entdecken: Wo ist die Zunge bei *l – b – r*?
- Laute mit dem Atem erfahren: Bei *sch* wird es warm in der vorgehaltenen Hand, mit *f* kann ich eine Feder wegpusten.
- sich im Spiegel beim Sprechen beobachten: Mund, Zunge, Lippenstellung
- Unterschiede erkennen: Ein Wort ist ein Begriff, ein Satz besteht aus mehreren Wörtern und erzählt etwas.

Wortbilder und Begriffsbildung

Das Erfassen von Wortbildern und die Begriffsbildung gehen Hand in Hand. Das Kind entdeckt lange und kurze Buchstaben und lange und kurze Wörter. Auf der Lautebene stellt es fest, ob ein Wort lang oder kurz gesprochen wird, und mit welchem Laut ein Wort beginnt oder endet. Einen Begriff bildet sich das Kind dagegen auf der Sinnebene. Das Wort *Ball* kann es hören und nachsprechen, aber erst, wenn es den Gegenstand Ball erfährt, ihn berührt und mit ihm spielt, entdeckt es, was das Wort überhaupt bedeutet. Ein Begriff muss also im wahrsten Sinne des Wortes begriffen, ganzheitlich erfahren, erlebt und mit allen Sinnen wahrgenommen werden.

Durch die Arbeit mit Oberbegriffen und Wortfeldern lassen sich auf einfache Weise Begriffe finden. Als Einstieg können Bilder betrachtet und beschrieben werden. Zeigt ein Foto z. B. einen Wochenmarkt, suchen die Kinder darauf die verschiedenen Obst- oder Gemüsesorten. Weiterführend wird überlegt, was an einem Marktstand noch verkauft werden könnte. Anschließend sammeln die Kinder passende Wörter zum Oberbegriff *Küche*. Sie entdecken z. B. Tätigkeiten wie kochen, backen, Geschirr spülen, essen … Sie wissen außerdem, was nötig ist, um den Tisch zu decken: Teller, Löffel, Gabeln … und finden weitere Oberbegriffe: *Geschirr*, *Besteck*.

4 Die Lesekompetenz stärken

Die Entwicklung zum Lesewurm

Am Anfang bedeutet Lesen lernen, die einzelnen Buchstaben eines Wortes in Einzellaute zu übersetzen. Das Kind macht das geschriebene Wort hörbar, indem es seine Laute zusammenschleift. Das Lesen ist dadurch noch stockend und mühevoll, die Bedeutung der Wörter kann sich das Kind nur schwer erschließen. Mit zunehmender Erfahrung jedoch baut es ein wortspezifisches Wissen auf und entwickelt demzufolge eine Leseerwartung. Immer rascher erfasst es nun Lautfolgen wie Silben oder Morpheme und sogar ganze Wörter. Das Kind wird zunehmend sicherer, das Lesen bereitet ihm weniger Mühe und wird flüssiger. Die Leseerwartung macht aber auf der Wortebene nicht halt, sondern schließt nach und nach auch die Syntax mit ein, sodass ein betontes Lesen möglich wird. Beim erfahrenen Leser schließlich laufen die Dekodierungsprozesse weitgehend automatisch ab und auch die Textstruktur wird nun erfasst. Mit wachsender Lesekompetenz steigt auch die Lesemotivation, denn das Kind kann nun sinnentnehmend lesen und somit an der Schriftkultur teilnehmen. Wichtig ist, dass es diesen Zugewinn auch als Bereicherung erfährt – etwa durch genussvolles Abtauchen in spannende oder lustige Geschichten.

Die Lesemotivation wiederum bildet die Grundlage für eine erfolgreiche Lesekarriere. Lesekompetenz ist ein unverzichtbarer Zugang zu Informationen und ermöglicht Einblicke in fremde Gedanken und Geschichten. Nur wer über Lesefähigkeiten verfügt, kann die Angebote der Medienwelt nutzen. Und schließlich bedeuten gut entwickelte Lesefähigkeiten die Basis für den schulischen und beruflichen Erfolg.

Jedoch nicht erst ab Schulbeginn, sondern weit vor der Vorschulzeit sind die Grundlagen für das Erlernen von lesen und schreiben zu finden. In der Familie und im Kindergarten werden schon früh die Weichen dafür gelegt, ob sich das Kind zu einem Lesewurm oder zu einem Lesemuffel entwickelt. Ein Königsweg ist die Begegnung mit Bilderbüchern und das Lauschen von Vorlesegeschichten in der frühen Kindheit. Die Kinder erfahren Literatur auf diese Weise bereits in frühen Jahren als etwas Bereicherndes.

In den darauffolgenden Lebensjahren können Anreize für eine anhaltende positive Lesehaltung auch Buchgeschenke zu kleineren Anlässen oder ein zusätzliches Taschengeld sein, das nur zum Bücherkauf verwendet werden darf.

Sich zu einem Lesewurm zu entwickeln bedeutet immer wieder üben, sich mit Print- und Schriftmedien wie Büchern, Zeitschriften und Zeitungen, aber auch mit dem Computer und dem Internet auseinanderzusetzen.

Die wichtigsten Leseförderer sind jedoch die Eltern. Laut einer Studie von Stiftung Lesen (Lesen in Deutschland 2008) gaben 45 % der befragten 14- bis 19-jährigen Jugendlichen an, als Kind nie ein Buch geschenkt bekommen zu haben. Dabei sind vorlesen, erzählen, beschreiben und berichten die preiswertesten Investitionen in die Zukunft unserer Kinder. Kinder benötigen lesende Eltern als Wegbegleiter durch die außerordentlich spannende und bereichernde Welt der Literatur. Bücher sollten daher dauerhaft präsent sein. Ein volles Bücherregal und allabendliches Vorlesen als Ritual bereitet schließlich nicht nur den Kindern Freude.

Bücherkisten sind in vorschulischen Einrichtungen oder in der Grundschule eine Möglichkeit, Kindern, die zu Hause keinen Lesestoff haben, Zugang zu Büchern zu verschaffen. Füllen lassen sich die Kisten durch Bücherspenden, die die Kinder selbst zusammentragen können. Das können Bücher von älteren Schülern oder von Nachbarn sein. Auch Büchereien rangieren von Zeit zu Zeit alte Bücher aus. Eine weitere Idee ist eine sogenannte Büchertauschkiste. Wer ein Buch entnimmt, ersetzt dieses durch ein mitgebrachtes Buch oder leiht sich das Buch nur aus.

In der Vorschule oder im Kindergarten kann dem Mangel an Leseerfahrungen über sogenannte Vorlesepatenschaften entgegengetreten werden. Ein älterer Schüler, eine Mutter oder jemand, der Kindern gerne vorliest, kommt regelmäßig von außen in die Klasse und liest aus einem Buch vor. Solche Initiativen stellen nicht nur für die Kinder, sondern auch für die Lehrkraft eine Bereicherung dar. Hat sie doch einmal Gelegenheit, die Kinder intensiv während der

Vorlesezeit zu beobachten: Hören sie gespannt zu oder zappeln sie gelangweilt auf ihrem Stuhl? Sind sie mit ihren Gedanken bei der Geschichte oder stören sie gar andere Kinder?

Beim Vorlesen wird nicht nur die Lesemotivation gefördert. Die zuhörenden Kinder trainieren nebenbei auch eine wichtige Fähigkeit – das Textverständnis.

Auch aus diesem Grund sollten Kinder möglichst täglich eine Vorlesegeschichte, ein Märchen oder eine Fabel hören oder sich mit einem Bilderbuch beschäftigen. Eine Kurzgeschichte als Abschlussritual könnte für alle den Vormittag ausklingen lassen. Kommen in diesem Text schwierige Wörter oder unbekannte Begriffe vor, sollten sie gemeinsam besprochen werden. Jedes Kind sollte das Wort sprechen, wobei auf die richtige Aussprache zu achten ist. Aufgabe an alle könnte sein, sich das Wort bis zum nächsten Morgen zu merken.

Das Textverständnis trainieren

Viele Kinder hören zwar Texte, die man ihnen vorliest, verstehen diese aber nicht. Sie finden keinen Sinnzusammenhang. Deshalb sollte man bereits im Kindergarten mit allen Kindern das Textverständnis explizit trainieren. Eine einfache Methode ist hierbei, den Kindern Fragen zum Gehörten zu stellen: Wie hieß doch gleich der Junge? Welche Farbe hatte das Auto? Was sagte der Freund?

Einen besonderen Spaß macht es Kindern, im vorgelesenen Text Fehler zu entdecken, die von der Lehrkraft oder dem Erzieher absichtlich eingebaut werden. Begeistert berichten sie den Erwachsenen: „Aber das Auto war doch gar nicht rot, das war blau!"

Eine andere Möglichkeit ist es, drei mögliche Antworten zum Inhalt einer Geschichte anzubieten. Die Kinder sollen die richtige Antwort entdecken und bei falschen Antworten erklären, warum sie nicht stimmen können.

Die folgenden Beispiele sind im Unterricht entstanden.

Fragen zu einem Text

Text:
Peter und Susi stehen morgens am Zebrastreifen.
Die Ampel zeigt das rote Männchen.
Eine Mutter mit Kind läuft über den Zebrastreifen.
Ein Auto biegt um die Ecke.
Fast wäre ein Unfall passiert.
Nun schaltet die Ampel auf Grün.
Peter und Susi gehen über die Straße.
Peter sagt zu Susi: Ich glaube, die Frau war farbenblind. Bei Rot bleibt man stehen, das weiß doch jedes Kind.

Fragen zur Geschichte:
Welche Tageszeit war es in der Geschichte?
Welche Farbe zeigte die Fußgängerampel?
Was fuhr um die Ecke? Was wäre fast passiert?
Wie hießen die beiden Kinder? Was sagte ein Kind zum anderen?

Multiple Choice:
War es morgens, mittags oder abends?
Zeigte die Ampel auf Gelb, Rot oder Grün?
Kam um die Ecke die Feuerwehr, ein Motorrad oder ein Auto?
Was wäre fast passiert: Die Mutter rutschte beinahe aus, ein Hund wurde angefahren oder ein Unfall wäre fast geschehen?
Die Kinder hießen Peter oder Olaf, Eva oder Susi?
Das eine Kind sagte zum anderen: „Bei Gelb halten die Autos an." „Bei Rot bleibt man stehen." „Bei Grün darf man gehen."

Bilder-Quiz

Für das Spiel werden Bilder genommen, die von den Kindern gemalt wurden. Natürlich kann auch die Lehrkraft Bilder heraussuchen oder sie selbst gestalten. Vor der Bildbetrachtung erzählt die Lehrkraft eine kleine Geschichte, die zu dem Bild passt. Die Kinder sollen genau zuhören. Im Anschluss wird das Bild kurz angesehen und dann abgedeckt.

Als Quiz erhalten die Kinder nun drei mögliche Antworten. Sie müssen sich an die Geschichte rückerinnern und die Bilder im eigenen Kopf wachrufen, die beim Geschichten hören entstanden waren. Anhand dieser Bilder sollten sie zur richtigen Lösung kommen, die sie nun auch formulieren sollen.

Schwierig wird es, wenn zwischen der Bildbetrachtung und dem Berichten einige Minuten, eine halbe Stunde oder ein noch längerer Zeitunterschied besteht. Auf diese Weise werden somit Kurz- und Langzeitgedächtnis trainiert.

Bild-Beispiele:

Bild 1: Entenmutter und Entenkind sprechen miteinander.
Auswahl-Antworten:
Die Entenmama schwimmt voran.
Die Entenmama schmust mit dem Entenkind.
Das Entenkind schwimmt der Mama hinterher.
Entenmama und Entenkind sprechen miteinander.

Bild 2: Ein Hase sitzt im Klee.
Auswahl-Antworten:
Der Hase isst eine Möhre.
Der Hase hoppelt davon.
Der Hase sitzt im Klee.
Der Hase sitzt auf der Wiese.

Bild 3: Ein Elefant trinkt Wasser.
Auswahl-Antworten:
Der Elefant trompetet.
Der Elefant trinkt Wasser.
Der Elefant frisst Gras.
Der Elefant reißt einen Baum aus.

Bild 4: Zwei Fische zerren an einem Regenwurm.
Auswahl-Antworten:
Die Fische schmusen miteinander.
Die Fische streiten sich um eine Fliege.
Die Fische zerren an einem Wurm.
Die Fische tauchen um die Wette.

Ist hier alles richtig?

Peter hat sich heute Erdbären gepflückt. (Erdbeeren)
Die sind ganz sauer und lecker. (süß)
Peter hat sie in einen Rüssel gelegt. (eine Schüssel)
Dann hat er Butter darüber gestreut. (Zucker)
Gestern hat er sie aufgegesst. (heute/aufgegessen).
Dann hat er auch die restlichen Himbeeren verputzt. (Erdbeeren)
Seine Mutter hat einen keckeren Erdbeerkuchen gebacken. (leckeren)

Den Kindern werden die Sätze vorgesprochen oder vorgelesen. Dabei sollen sie den Blickkontakt zum Erzähler aufrecht halten und ihm auf den Mund schauen.

Was ist richtig?

Das Bett braucht man zum Turnen – Schlafen – Backen.
Die Brille braucht man zum Niesen – Sehen – Husten.
Das Brot braucht man zum Schlürfen – Essen – Hören.
Die Nase braucht man zum Lachen – Schwimmen – Niesen.
Das Telefon braucht man zum Duschen – Fliegen – Sprechen.
Die Schere braucht man zum Nase bohren – Schneiden – Streicheln.
Den Ball braucht man zum Spielen – Anziehen – Kochen.

Die Kinder begründen den richtigen Begriff.

Was tut …? Entscheide

Der Frosch kann singen – brummen – quaken.
Der Schmetterling flattert – rennt – robbt.
Mit dem Schlüssel koche ich – schließe ich auf – zaubere ich.
Der Junge kann Auto fahren – klettern – fliegen.
Ein Bär ist groß – klein – unsichtbar.
Der Apfel ist eckig – rund – gezackt.
Der Bäcker backt Schuhe – Fenster – Brot.
Alle Kinder können fliegen – zaubern – lachen.
Alle Bäume werfen Schatten – Steine – Bonbons.
Alle Menschen können zaubern – liegen – fliegen.

Richtig oder falsch? Erkläre

Kann ein Baby lesen?
Kann eine Wolke schwimmen?
Kann ein Vogel fliegen?
Kann eine Maus einen Löwen erschrecken?
Kann ein Hund knurren?
Kann ein Orangenbaum Äpfel tragen?
Kann man mit einem Bleistift Kuchen backen?
Kann ein Schneemann schmelzen?
Kann die Sonne auch nachts scheinen?
Kann die Mutter vorlesen?
Kann der Schrank die Treppe hinuntergehen?

Farbenblind?

Die Tomate ist blau – rot – schwarz.
Das Gras ist grün – rot – blau.
Der Tannenbaum ist rosa – lila – grün.
Der Schnee ist grün – weiß – gelb.
Der Schneeball ist rot – schwarz – weiß.
Die Zitrone ist orange – gelb – grau.
Der Kirschsaft ist gelb – orange – rot.
Der Fuchs ist weiß – rot – gelb.
Die Mohrrübe ist orange – rosa – hellgrün.
Die Straße ist grau – gelb – weiß.

KV 26–28: Diagnosebögen

Zum Feststellen bestimmter Defizite oder Unsicherheiten eines jeden Kindes, können die vorliegenden Diagnosebögen eingesetzt werden. So lässt sich auch ein Überblick über den Entwicklungsstand der Klasse in diesen Bereichen gewinnen.

Auswertung:
1–4 Fehlerpunkte:
Es liegen keine Defizite in einem Bereich vor.

5–9 Fehlerpunkte:
Dem Kind sollte in dem Bereich Hilfe angeboten werden, vor allem Spiele sollten zum Einsatz kommen.

10 Fehlerpunkte und mehr:
Mit Einverständis der Eltern sollte das Kind eine tägliche, 10–15-minütige Zusatzförderung erhalten. Bei uns findet eine solche Förderung während der Freispielphase im Nebenraum statt. Das Kind darf sich zur Lernmotivation ein anderes Kind als Mitspieler aussuchen. Eventuell sollten intensivere Gespräche mit den Eltern und einer Sprachheilschule erfolgen.

5 Kinder auf die Schule vorbereiten

Im Schulalltag organisieren und Regeln einhalten

Um den Übergang vom Kindergarten zur Grundschule zu erleichtern, bietet es sich an, bestimmte Fertigkeiten und Fähigkeiten vor der Einschulung zu trainieren. Die Kinder können sich dann bei Schuleintritt verstärkt auf neue Anforderungen einlassen.

Der Umgang mit dem Heft

Die Einführung eines Schwungübungs-Heftes stellt für die Kinder eine neue Erfahrung dar. Die Kinder sollten sich dazu ihr Heft selbst kaufen können: Ein DIN-A4-Doppelheft, Nummer 20, unliniert, dazu dicke Buntstifte, die gut in der Hand liegen und ohne Druck intensive Farben hervorbringen sollten.

Grundlegendes muss noch erlernt werden: Wo schreibt man auf dem Heft seinen Namen? Wo beginnt das Heft, wo endet es? Kann ich Seiten überspringen? Wie kontrolliere ich, dass ich eine Seite nach der anderen erarbeite? Und woher weiß ich, ob mein Heft richtig herum liegt und ich nicht versehentlich auf der letzten Seite beginne? Mit diesen Fragen müssen sich die Kinder auseinandersetzen, um mit dem Heft richtig umgehen zu können.

Wenn die Kinder ihre Namen vorne in das Heftetikett geschrieben haben, üben wir, das Heft so hinzulegen, dass der Name sichtbar wird und nicht auf dem Kopf steht. Wir blättern im Heft, finden sogar die Mitte und das Heftende.

Die Kinder müssen lernen, kontinuierlich Seite für Seite im Heft zu benutzen. Sie erfahren, wie man mit unterschiedlichen Schreibmaterialien schreiben kann, wo die Seite (oben) oder eine Reihe (oben links) beginnt, und dass von oben nach unten geschrieben wird:

- Wir üben den Begriff Reihe. Eine Reihe beginnt links und endet rechts.
- Wir proben den Reihenabstand, damit die Schreibspuren nicht ineinandergeraten.
- Wir üben, in einer bestimmten Zeit die Aufgabe zu Ende zu bringen.
- Wir gehen immer wieder auf ein akustisches Zeichen (Glöckchen) hin von Tisch zu Tisch und schauen, wie die anderen Kinder ihre Seite gestalten.
- Wir kontrollieren uns selbst: Bin ich fertig? Habe ich alle Reihen auch zu Ende geschrieben oder habe ich in der Reihenmitte aufgehört?
- Ist die Seite gut gelungen, gebe ich das Heft ab und räume meinen Platz auf.

Hat sich das Kind bemüht, je nach eigenem Können, darf es mit einem Kinderstempel seine Heftseite abstempeln. Wichtig dabei ist, dass die persönliche Anstrengungsbereitschaft die Grundlage bildet. Es gibt Kinder, die rasch, sorgfältig und genau arbeiten. Andere wiederum schreiben verkrampft und langsam, sind verträumt und können wenig erarbeiten. Der Kinderstempel soll alle anspornen und bedeutet: Ich habe mir Mühe gegeben. Jedes Kind entwickelt sein eigenes Tempo und seine eigenen Fähigkeiten.

Das Origami-Faltheft

Falls im Unterricht Origami-Faltarbeiten angefertigt werden (vgl. Kap. 10), sollten die Kinder ein Extraheft führen. Alle Faltarbeiten werden dabei nur auf die rechte Heftseite geklebt, da sonst die Voraufgabe durchschimmert und die Faltarbeit auf den Vorderseiten ein malerisches Ausgestalten nicht mehr zulässt.

Die Kinder erfahren, dass jede einzelne Faltung Schritt für Schritt erprobt und ausgeführt wird. Die Lehrkraft faltet vor, die Kinder erarbeiten den Schritt nach.

Die Ausgestaltung der Faltarbeit im Heft stellt eine weitere Herausforderung dar: Wie ordne ich die Faltarbeit auf meinem Blatt an? Was male ich dazu? Was soll mein Bild „erzählen"? Welche Farben eignen sich? Für großflächiges Malen (Meer, Himmel, Wiese) eignen sich dicke Wachsfarben. Feinstrukturen wie Muster, Gesicht oder kleine Dinge dagegen werden besser mit dicken Buntstiften oder Filzstiften gemalt. Die Kinder eignen sich dabei grundlegende Maltechniken an. Sie lernen, bunte, detailreiche und vielfältige Falt- und Malgeschichten zu kreieren.

Am Jahresende dokumentiert das Heft alle Fortschritte des Kindes, wodurch es natürlich auch für Eltern und Lehrkräfte interessant wird. Zeigt es doch deutlich, wie sich das Kind innerhalb eines Jahres zum Schulkind gemausert hat.

Arbeitsblätter

Arbeitsblätter ermöglichen den Kindern, Gelerntes und Geübtes auf einem Blatt nachzuvollziehen. Sie dienen als Lernzielkontrolle, weisen auf den Entwicklungsstand hin und zeigen, inwieweit selbstständiges Arbeiten, Aufgabenverständnis, logisches Denken, Mitmachfreude und Engagement vorhanden sind.
    Nach der Bearbeitung üben die Kinder, das Blatt selbst zu kontrollieren.

Die Kinder erfahren, dass eine Aufgabe richtig oder nicht richtig gelöst wurde. Freude, Frust oder Gleichgültigkeit darüber sind erkennbar.
    Kinder erleben, dass man nicht immer der Beste oder Schlechteste ist, dass man als Erster nicht immer eine gute Lösung findet und genaues Arbeiten seine Zeit braucht.

Die Lösung des Kindes sollte die Lehrkraft mit ihm gemeinsam betrachten. Die kindlichen Lösungsstrategien werden so am besten erkennbar. Wichtig ist es, dass das Kind die Fehlerquelle selbst herausfindet. Es kann dann am ehesten einsehen, was es ändern sollte.
    Wenn das Kind Lust hat, darf es das Blatt noch einmal ausprobieren. In der Regel werden die Aufgaben dann fehlerfrei und sorgfältig gelöst.

Nach der Arbeit heftet das Kind sein Blatt in einer Arbeitsmappe ab, kontrolliert, ob seine Materialien in Ordnung sind und räumt seinen Arbeitsplatz auf.

Kinder müssen immer wieder üben, Arbeitsanweisungen zu erfassen, sie im Gedächtnis zu speichern und wieder abzurufen, um sie schließlich in Eigenverantwortung und Eigenmotivation umzusetzen. Selbstständiges Arbeiten, Ausdauer, Konzentration, aber auch Pünktlichkeit und sauberes, sorgfältiges und genaues Arbeiten sind Grundvoraussetzungen für die Kulturtechniken Schreiben und Lesen und letztendlich für den gesamten schulischen Erfolg. Kinder sollten zügig arbeiten, ohne sich ablenken zu lassen. Tests und Klassenarbeiten finden auch im Eingangsbereich unter Zeitvorgabe statt. Lob und Tadel müssen akzeptiert, aber auch hinterfragt werden dürfen. Daraus die richtigen Konsequenzen zu ziehen, ist ein großer Lernschritt.

Zeichenmappe

Die Schülerarbeiten werden chronologisch in Zeichenmappen abgelegt. Nicht alle Aufgaben werden in einer Unterrichtseinheit bewältigt. Es gibt Langzeit-Aufgaben, die über mehrere Tage oder Wochen bearbeitet werden.
    Die Kinder lernen bei diesen Langzeit-Aufgaben zu akzeptieren, dass man nicht alle Arbeiten sofort fertig mit nach Hause nehmen kann. Es ist für sie aber auch faszinierend, wenn sie erfahren, wie sich ein Projekt entwickelt, wie es langsam wächst, sich immer wieder verändert und wie am Ende etwas Neues, Einmaliges entsteht.

Die Bedeutung von Gesprächsregeln für den Schriftspracherwerb

In Alltags- oder Konfliktgesprächen und im Morgenkreis können wichtige Grundlagen und Vorerfahrungen zum Schriftspracherwerb erworben werden.
    Die Kinder erzählen, beschreiben und berichten in ganzen Sätzen, formulieren Fragen und Antworten. Oftmals entsteht dabei eine kleine fortlaufende Geschichte.
    Gerade im Morgenkreis sind sprachlich hohe Anforderungen an das Kind gestellt. Es muss Regeln einhalten, was bedeutet, dass es zuhören, aussprechen lassen, eine Frage beantworten oder selbst eine Frage zum Gehörten stellen muss. Gehörtes wird eingeprägt, um es dann mit eigenen Worten wiederzugeben.
    Der Morgenkreis bindet das einzelne Kind in die Gemeinschaft ein, in der es sich wohlfühlt und einen Teil seines Tages verbringt. Beim freien Erzählen und Berichten wird der Wortschatz erweitert, die Ausdrucksfähigkeit und die richtige Artikulation aktiviert. Das Kind erfährt, Wichtiges von Unwichtigem und Fantasiegeschichten von der Wirklichkeit zu unterscheiden.

Damit Kinder eine Redezeit erfahren, kann ein Ritual eingeführt werden. Das erzählende Kind erhält eine Sanduhr oder ein Rieselbild, das ihm anzeigt, wann die Redezeit zu Ende ist.

Mit Schreibmaterialien experimentieren

Um dem spontanen Kritzel- und Schreibbedürfnis der Kinder gerecht zu werden, sollten die Kinder neben den gewöhnlichen Schreibgeräten wie Bleistift, Kugelschreiber oder Füller eine Reihe weiterer Schreibutensilien gebrauchen dürfen:
- Buntstift, Kohlestift, Filzstift, Wachsfarben, Wasserfarben
- einen Stock, mit dem im Sand, im Schnee, in der Erde gezeichnet wird
- bunte Straßenkreide, mit der auf der Straße Bilder oder Hüpfspiele aufgezeichnet werden
- Buchstaben aus Knete gerollt oder aus Salzteig hergestellt und gebacken
- einen nassen Schwamm oder ein nasses Wattebäuschchen, das Spuren hinterlässt
- Bänder, Schnüre, Wollfäden, Faschingsrollen, Kordel
- Tücher, alte Mullbinden
- Buchstaben aus Sandpapier zurechtgeschnitten, die blind ertastet oder erlesen werden
- einen Klebestift, der auf einem Blatt Klebespuren von Buchstaben, Zahlen und Formen hinterlässt, die dann mit Maiskörnern, Linsen, Blumensamen, Kresse oder Sand bestreut werden
- andere Materialien wie Bohnen, Knöpfe, Blütenblätter, Watte, die auf eine Klebespur aufgeklebt werden
- Zuckerkreide
- eine angespitzte weiße Kerze, die mit festem Druck auf ein Blatt Papier eine Zauberschrift hinterlässt, die nach dem Einfärben des Papiers mit Wasserfarben wieder sichtbar wird
- Wasser, das mit einer Wasserpistole auf Packpapier gespritzt wird

Schreibflächen können sein:
- Schulhof, Gehweg oder Tafel
- verschiedene Papierarten sowie Wellpappe, Zeitungen, Tapeten
- Sandkasten, Matsch, Schnee
- die Handfläche des Kindes
- Sand, Mehl, Reiskörner auf dem Tisch oder Backblech (Buchstaben mit dem Finger hineinschreiben)

Die Schule besuchen

Mit den Kindern wird bereits vor der Einschulung der Schulweg abgegangen und die Schule besichtigt. Als Gast dürfen sie in die ersten Klassen hineinschnuppern, um den Schulalltag mit allen Sinnen zu erleben. Der Kindergarten vereinbart einen Probebesuch in Kooperation mit der Schule, wobei Schulkinder es durchaus genießen, einen Gegenbesuch im Kindergarten zu erleben. Kinder begreifen auf diese Weise die Institutionen Kindergarten und Schule als ihr gemeinsames Haus. Viele Fragen werden durch dieses Erlebnis nebenher beantwortet, die Schule wird zu einem vertrauten Raum, und Ängste werden bereits im Vorfeld abgebaut.

Motorische Fähigkeiten trainieren

Kräftigung der Handmuskulatur

Die Hand eines Vorschulkindes ist noch nicht völlig ausgebildet. So sind die Fugen zwischen den Fingerknochen bei Kindern recht groß. Kinderhände sind daher elastischer und können nicht so einfach und kräftig greifen wie Erwachsenenhände.

Lehrkräfte beobachten oft, dass Erstklässler ihre Hände beim Schreiben verkrampfen. Der Handdruck ist vor allem beim Schreiben von Druckbuchstaben manchmal so stark, dass sich die Schrift über mehrere Seiten durchdrückt. Viele Kinder versteifen ihre Hand sogar und blockieren damit ein flüssiges, lösendes und fortlaufendes Schreibschwingen. Die anfängliche Begeisterung, endlich schreiben zu können, verfliegt spätestens dann, wenn den Kindern die Hände schmerzen. Zu beobachten ist dies daran, dass sie ihre Hände immer wieder ausschütteln.

Einer Verkrampfung vorbeugend wirken folgende Kräftigungsübungen für die Hände:
- Hand kräftig schließen und die Finger einzeln nacheinander fest an den Handballen drücken und ausstrecken
- Arme und Hände ausstrecken, dabei die Handfläche nach unten und oben drehen
- Hände nach links und rechts schwenken
- Hände umeinander kreisen lassen
- Finger zappeln lassen, rauf und runter bewegen, hinter dem Rücken verstecken usw.
- ein imaginäres Instrument spielen wie Klavier, Flöte, Gitarre

- Schattenboxen nach allen Seiten, erst schnell, dann langsam
- ein unsichtbares Gespenst kräftig kitzeln
- jeden Finger nacheinander auf den Daumen tippen und „Guten Morgen" sagen
- mit den Fingern schnipsen, winken, drohen, locken
- mit dem Finger klopfen, pochen, die Fäuste auf den Tisch trommeln
- die Finger flink wie Mäuschen über den Tisch krabbeln lassen und mit der einen Hand die andere verfolgen
- mit den Händen klatschen, streicheln oder den Nachbarn kitzeln

Meine Finger, meine Finger sind gar lustig'
kleine Dinger. Fünf hab ich an jeder Hand.
Sie können drohen: du-du-du, du-du-du.

2. Sie können tanzen: 1-2-3, 1-2-3
3. Sie können klatschen: klapp-klapp-klapp
4. Sie können klopfen: poch-poch-poch
5. Sie können trampeln: tripp-trapp-drein
6. Sie können winken: ei wie fein

Auge-Hand-Koordination

Bewegungen und Zusammenspiel von Auge und Hand werden über das Gleichgewichtsorgan im Innenohr gesteuert. Beteiligt sind Grob- und Feinmotorik.

Die Grobmotorik lässt sich allgemein durch Sport und Bewegung stimulieren: balancieren, schaukeln, wippen, auf einem Bein stehen, werfen, fangen, hüpfen, laufen oder rennen. Die Aktivitäten regen den Gleichgewichtssinn und das räumliche Denken und Erleben an. Bewegung ist somit auch eine wichtige Voraussetzung für das Erlernen von schreiben und lesen. Den Kindern sollten daher viele Bewegungsangebote bereitstehen. Positiv wirkt sich auch tanzen, schwimmen, Theater spielen oder Pantomime aus, bei der die Kinder gestikulieren und Grimassen schneiden.

Neben der Grobmotorik sollte natürlich auch die Feinmotorik trainiert werden mit vielfältigen Angeboten aus den Bereichen Sport und Kunst.

Folgende Aktivitäten unterstützen das Zusammenspiel von Auge und Hand:
- bildhaftes Gestalten
- falten
- Fingerspiele
- genau ausschneiden, nachmalen, ausmalen
- Lösungswege in einem Papier-Labyrinth finden und nachspuren
- überkreuzte Wege nachspuren
- Finger-Abc spielen: Die Kinder formen mit ihren Fingern Buchstaben und verschlüsseln auf diese Weise ganze Wörter oder geheime Botschaften. Die Buchstaben können auf folgende Weise dargestellt werden:
D: Zeigefinger der linken Hand senkrecht halten, Daumen und Zeigefinger der rechten Hand zum Halbkreis formen.
L: Zeigefinger der linken Hand senkrecht halten, den Daumen waagerecht stellen
W: Beide Zeigefinger und Daumen jeweils v-förmig ausrichten, dann zu einem W zusammenführen
C: Zeigefinger und Daumen zu einem Halbkreis formen

Die Einhaltung der Schreibrichtung

Für viele Kinder ist es schwierig, die Schreibrichtung von links nach rechts einzuhalten. Als Hilfsmittel empfiehlt sich ein Aufkleber, mit der die linke Hand gekennzeichnet wird. Bei Gelegenheit sollten die Kinder immer wieder auf die Richtung aufmerksam gemacht werden:
- Auf dem Arbeitsblatt beginnen wir von links nach rechts zu arbeiten.
- Abheftelöcher befinden sich immer auf der linken Seite des Blattes.

Unterstützend wirken auch die folgenden Übungen zur Raumorientierung:
- in der Turnhalle oder auf dem Pausenhof gemeinsam von der linken zur rechten Seite laufen
- sich von links nach rechts zu einer Schlange aufstellen, sich an den Händen fassen und gemeinsam durch den Raum schlängeln (von der rechten zur linken Raumseite, von einer Ecke zur gegenüberliegenden)
- von links nach rechts mit dem Finger in die Luft schreiben
- ein Ratespiel veranstalten: Rechts sehe ich …, links steht gerade …

6 Raumlage und Raumorientierung

Die Bedeutung der Raumlage für das Lesen und Schreiben

Grundfähigkeiten für den Lese- und Schreibvorgang und für rechnerisches Denken sind Erfahrungen und Sicherheiten in der Raumorientierung. Ein Verständnis für Raumlage ist nötig, damit Buchstaben und Zahlen voneinander unterschieden, im Langzeitgedächtnis abgespeichert und somit jederzeit wiedererkannt werden können. Buchstaben und Zahlen unterscheiden sich nämlich nicht nur in ihrer Form, sondern auch in ihrer Raumlage. Die Zeichen *b – d, b – p* oder *u – n* oder *6 – 9* und in Schreibschrift *e – l* und *h – k* haben jeweils ähnliche Formen, tragen aber ungleiche Bedeutungen.

Wenn solche Buchstaben und Zahlen täglich nur zehn Minuten trainiert werden, können Kinder Form- und Lageunterschiede rasch erkennen.

Raumlage erfahren die Kinder, indem sie durch eigenes Tun einen Raum mit allen Sinnen entdecken und erfahren. Aufgrund einer solchen Entdeckungsreise lernen Kinder, räumliche Begriffe wie oben unten, rechts, links, vorne usw. anzuwenden.

Übungen zur Raumlage sollten daher mit Bewegungen einhergehen. Mit Körpereinsatz erfassen die Kinder einen Raum rascher und lustbetonter. Dabei bedeuten auch Übungen mit den Händen ein Entdecken und Kennenlernen des Raumes, denn Hände und Finger verändern ständig ihre Position.

Man kann also sagen, dass Sprache und Bewegung eine Einheit bilden. Bewegungsangebote und andere Sinnesreize lassen Vernetzungen im Gehirn rascher entstehen, psychomotorische Anreize – unbewusste und willentlich beeinflussbare Bewegungen – bilden Lernstimulationen, fördern die Intelligenz, koordinieren körperliche Bewegungsabläufe und begünstigen das Zusammenspiel der Muskeln.

Raumübungen, bei denen Musik und Rhythmus einbezogen werden, tragen im Übrigen am besten zum Lesen- und Schreibenlernen bei, denn Sprechen und Lesen sind untrennbar mit Sprachrhythmus und Lautmalerei verbunden, die uns mit allen Sinnen berühren, unsere Empfindungen und Stimmungen widerspiegeln und nach außen tragen. Die bewegte und gesungene Sprache von Musik und Rhythmus macht Kindern zudem Freude, lässt sie spontan agieren und bindet sie ganzheitlich ein.

Solche Spiele und Bewegungsspiele im Allgemeinen stärken darüber hinaus das Gemeinschaftsgefühl, festigen soziales Verhalten und bilden somit soziale Kompetenzen aus.

Bekannte Aufgaben und Spiele sollten zu Beginn wiederholt werden, sodass vom Bekannten zum Neuen übergegangen werden kann.

Die Lehrkraft sollte die Übungen zunächst vormachen und sie von den Kindern nachahmen lassen. In regelmäßigen Abständen sollten die Übungen dann gemeinsam durchgeführt werden.

Was Hände und Finger können

Hände und Finger können
- kratzen, locken, deuten, klopfen, sich verstecken, den Nachbarn stupsen, kitzeln oder pieksen. Wer erfindet etwas Neues?
- klatschen und dabei den Klatschrhythmus verändern
- Steine klingen lassen: Jeder Mitspieler nimmt zwei Kieselsteine in die Hände und lässt eine wunderschöne Steinmusik erklingen. Das ist nicht einfach, denn die beiden Steine müssen aufeinandertreffen. Wer möchte, untermalt und begleitet mit seiner Stimme: Summen, Dingdong usw. Schwieriger wird es, wenn dazu mit dem Fuß gestampft wird.

Rhythmusübungen

- gleichmäßig lange Klopfzeichen geben: poch, poch, poch
- drei kurze Klopfzeichen und dann zwei lange: Düdelitt, poch, poch
- „Guten Morgen, wie geht es dir heute?" klopfen und nach jedem Wort eine Pause einfügen
- den eigenen Namen klopfen: Max – Va-nes-sa oder: Ich hei-ße Ma-ri-on und wie heißt du?

- einen kleinen Rhythmus vorklopfen und vom Partner oder der Gruppe wiederholen lassen
- einen Rhythmus trampeln, stampfen und dabei klopfen
- Hände reiben, streicheln oder patschen: auf dem Knie, Kopf, Bauch, Schuh, Boden, Po
- Hände drehen, wenden, hüpfen und schweben lassen
- Finger kratzen, pochen, trommeln, laufen, zwicken, hampeln und tanzen lassen
- die Haare zerzausen
- Finger nach links, rechts, hinter dem Rücken, vor der Nase bewegen und tanzen lassen

Unterschiedliche Bewegungen mit Händen und Fingern

- mit der rechten Hand den Bauch streicheln, mit der linken den Po
- mit der rechten Hand nach vorne zeigen, mit der linken nach hinten
- mit der rechten Hand nach oben zeigen, mit der linken nach unten
- mit der rechten Hand nach rechts zeigen, mit der linken nach links

Kreuzungen

Angebote zum Üben von Kreuzungen sind besonders wichtig, da beim Schreibvorgang immer wieder Kreuzungen entstehen.

- die rechte Hand auf das linke Knie legen, die linke auf das rechte Knie
- den linken Fuß über den rechten Fuß kreuzen
- den rechten Arm über den linken legen
- Begrüßung: Hände kreuzen und dem Partner reichen
- Zeigefinger der beiden Hände überkreuzen
- Arme hinter dem Rücken kreuzen
- Arme vor der Brust verschränken
- Arme über dem Kopf zu Windmühlenflügel kreuzen
- mit dem Partner Arme, Beine, Hände usw. überkreuzen
- mit Bleibändern, Tüchern, Seilen, Borten, Spitzenresten, Papierschlangen, Toilettenpapier oder Kreide Kreuzungsformen auf dem Boden legen oder malen. Die Formen nachlaufen bzw. mit der Hand nachfahren.
- sich mit einem Partner zu einem X auf den Boden legen

- sich zu Buchstaben und Zahlen auf den Boden legen und von anderen Kindern abstreicheln lassen
- Kleidungsstücke und andere Materialien wie Besteck oder Rührlöffel über Kreuz legen
- eine Schüssel oder ein Backblech mit Sand oder Mehl füllen, darin Kreuzungen zeichnen
- Verbindungsaufgaben auf einem Arbeitsblatt bearbeiten (Verbinde das Tier mit dem Futter. Verbinde Buchstaben, Zahlen, Formen, Stempelbilder, Nester mit Ostereiern)

Spiele für die rechte und die linke Hand

Eine Hand hat gerade Urlaub oder schläft. Ein Stempel, ein Armband, eine Schleife oder ein Aufkleber kennzeichnet die betreffende Hand.

- die rechte Hand unter dem Pullover verstecken
- die linke Hand unter dem Po verschwinden lassen
- mit beiden Händen den Partner berühren, ihn antippen und am Ohrläppchen zupfen
- mit der linken oder rechten Hand auf dem Rücken des Partners ein Zauberbild malen

Viele Spiele lassen sich auch mit dem Po, dem Rücken, der Hüfte, dem Arm oder Fuß spielen. Berührungsängste werden dabei sehr schnell abgebaut. Alle Anregungen sollten beidhändig ausgeführt oder als Überkreuzungsspiele gespielt werden.

Begriffe zur Raumlage trainieren

- in die rechte Raumecke gehen und bis zur Raummitte schleichen
- einen Kreis bilden und gemeinsam zur rechten Wandseite hüpfen, dann zur linken Wandseite, zur vorderen und schließlich zur hinteren Wand
- sich zwischen zwei Kinder oder hinter einen Jungen stellen
- ein Sandsäckchen tragen: auf dem Fuß, auf dem Kopf, auf dem Rücken, unter dem Kinn, unter dem Arm, unter der Achsel, unter dem Pulli, zwischen den Knien, zwischen den Unterarmen, den Händen, zwei Fingern
- einen Ball werfen: vor sich, hinter sich, neben sich, auf sich
- eine Puppe in das Bett legen und Saft in einen Becher füllen

- ein Blatt Papier schneiden: gerade, schräg, kurvig (alle Begriffe hierzu sprachlich trainieren)
- mit Präpositionen auf – unter – links – rechts – davor – dahinter – daneben – vorne – hinten usw. spielen: Lege den Löffel neben … Stelle den Dino vor …

Fingerspiel: Meine Hand

Meine rechte Hand hat viele Finger,
lauter lustige kleine Dinger.
Daumen heißt der dicke Mann,
der Zeigefinger folgt ihm dann.
Der Mittelfinger ist recht groß,
dieser Finger trägt ein Ringlein bloß
und der Kleinste kommt zuletzt.
Zählen wir die Finger jetzt:
Eins zwei drei vier,
fünf ist dieser Kleinste hier.
Darum hat die Hand fünf Finger,
lauter lustige, kleine Dinger.

Rechte und linke Hand

Das ist meine rechte Hand,
das ist meine linke Hand.
Meine rechte Hand nach oben zeigt,
Meine linke jetzt aufwärts steigt.
Die rechte Hand fällt jetzt herab,
die linke folgt ihr schnell bergab.
Die rechte Hand jetzt vorne steht,
die linke ganz schnell vorwärts geht.
Nun kommt die rechte zurück ganz schnell,
die linke folgt ihr auf der Stell'.
Die rechte Hand versteckt sich nun,
die linke muss dasselbe tun,
denn beide wollen nichts mehr tun,
sie wollen sich gemütlich unter dem Pullover ausruhn.

Was tun bei Linkshändigkeit?

Wie man Linkshändigkeit erkennt und damit umgeht

Unsere Welt ist für Rechtshänder ausgelegt: Maschinen, Haushaltsgeräte, Kraftfahrzeuge usw. sind entsprechend konzipiert. Heute weiß man, dass Kinder nicht vom Linkshänder zum Rechtshänder umtrainiert werden sollten. Welche Hand benutzt wird, entscheidet das Gehirn. Eine Gehirnhälfte übernimmt dabei die Dominanz und bestimmt über die Händigkeit des Kindes.

Jede Gehirnhälfte versorgt eine Körperseite des Menschen. Die rechte versorgt die linke, die linke die rechte Körperseite. Unser Körper wird also über Kreuz gesteuert.

Der linken Gehirnhälfte wird von Gehirnforschern logisches Denken und mathematisches Verständnis zugeschrieben. Die rechte Seite steuert verknüpfendes Lernen, Raumerfassung, Sprache und Kreativität. Unter den Linkshändern sind auffallend viele Künstler anzutreffen. Berühmte Beispiele sind Johann Wolfgang von Goethe oder Wolfgang Amadeus Mozart.

Aufgrund der vorgegebenen Schreibrichtung von links nach rechts schreiben linkshändige Kinder oft verkrampft und verwischen mit ihrer darüberfahrenden Hand die Schrift. Sie müssen den Stift über das Papier schieben, während der Rechtshänder seinen Stift über das Papier zieht. Auf die richtige Schreibhaltung muss daher besonderen Wert gelegt werden.

Welche Hand ist bestimmend?

Kleinkinder greifen zunächst mit beiden Händen und strampeln auch mit beiden Beinen. Doch da die Handvorliebe vererbt wird und fest im Gehirn verankert ist, behaupten die Wissenschaftler, dass es eine gleichwertige Beidhändigkeit nicht gibt. Wenn ein Kind oft die Hände wechselt, sollte ein Fachmann hinzugezogen werden. Er kann feststellen, welche Händigkeit das Kind bevorzugt. Diese sollte unbedingt beibehalten werden, damit die Entwicklung der graphomotorischen Zeichen und Muster beim Schreibenlernen nicht gestört wird. Motorische Problemfelder haben nichts mit der Händigkeit zu tun, sie können beide Gehirnhälften betreffen. Mit etwa dreieinhalb Jahren manifestiert sich die Bevorzugung der Hand. Bis zum Schuleintritt ist dieser Vorgang weitgehend abgeschlossen.

Wissenschaftler empfehlen dingend, das Kind auf keinen Fall umzuprogrammieren, da die Händigkeit des Kindes tief in ihm verwurzelt ist. Ob Rechts- oder Linkshändigkeit ist angeboren. Auch in der Vorschulpädagogik oder in der Eingangsstufe der Schule wird Linkshändigkeit selten thematisiert. Somit fehlen den Betroffenen zumeist grundlegende Informationen.

Aber auch achtsame Eltern und Pädagogen wissen nicht immer, ob ein Kind ein Rechts- oder Linkshänder ist. Es ist schwierig, dies frühzeitig zu erkennen. Linkshändige Kinder kopieren gerne ihren rechtshändigen Sitznachbarn und stellen sich von selbst auf rechts um – mit gravierenden Folgen. Die bisher aktivere Gehirnhälfte wird gehemmt und die andere muss in Folge mehr Aufgaben übernehmen, wobei sie mehr und mehr überfordert wird. Gedächtnis, Konzentration sowie psychische Belastbarkeit werden negativ beeinflusst. Es können Minderwertigkeitsgefühle, Nägelkauen bis hin zu Bettnässen oder Schlafstörungen entstehen.

Auf die richtige Schreibhaltung kommt es an

Bereits im Kindergarten sollte darauf geachtet werden, ob einem Kind schneiden und malen schwerfallen. Möglicherweise ist es ein Hinweis darauf, dass es sich um ein linkshändiges Kind handelt, das nicht das richtige Werkzeug zur Verfügung hat. Im Fachhandel und Versandhandel gibt es für Linkshänder nicht nur Scheren, Füller und Spitzer, sondern auch Musikinstrumente wie Flöte und Gitarre.

Vor Beginn des Schreibenlernens muss das Kind auch die richtige Schreibhaltung einüben und festigen, damit es locker, lesbar und flüssig schreibt. Linkshänder neigen dazu, die Hand hakenförmig nach unten abzuknicken, sodass sie verkrampft. Damit verdecken sie ihre Vorlage oder was sie bereits geschrieben haben. Liegt das Heft im 30-Grad-Winkel zur Tischkante und die Hand wird richtig gehalten, gibt es keine Probleme. Das Kind kann das Geschriebene gut sehen und kontrollieren. Die rechte Hand hält dabei die Heftseite fest, damit nichts verrutscht. Die Handmuskulatur ermüdet weniger schnell und die Arm- und Stifthaltung wird unterstützt.

Das Kind sollte am linken Tischrand sitzen, damit es genug Schreibraum erhält. Im Kindergarten oder in der Schule markiert ein Klebeband die Heftposition. Werden Schreiblernhefte verwendet, sollte das links stehend Geschriebene auf der rechten Seite wiederholt werden, damit das Kind das Muster nicht verdeckt.

Hilfreich ist es, wenn die Lehrkraft das linkshändige Kind in den ersten Monaten des Schreiblehrgangs intensiv begleitet und unterstützt, aber natürlich auch die Eltern einbezieht. Um die graphomotorische Förderung zu erweitern, kann Ergotherapie hilfreich sein. Ziel ist ein größeres und regelmäßigeres Schriftbild.

Wenn ein linkshändiges Kind ausgesprochen langsam arbeitet, können auch feinmotorische Störungen dahinterstecken. Diese Kinder benötigen zusätzliche Hilfe. Bei Kindern mit Aufmerksamkeitsstörungen wie ADS oder ADHS sollte auch die Händigkeit überprüft werden.

Adressen:

Beratungsstelle für Linkshänder,
Sendlinger Straße 17, 80331 München,
www.linkshaender-beratung.de

ISB Staatsinstitut für Schulpädagogik,
Arabella Str.1, 81925 München,

Informationen auch über die Staatlichen Schulämter und Oberschulämter

Spiele-Fundgrube

Rhythmus- und Bewegungsspiele

Sprachliches Lernen, auch das der Schriftsprache, ist besonders erfolgreich, wenn man es mit Rhythmus und Bewegung verbindet. Dabei sind alle Arten von Rhythmusübungen geeignet wie tanzen, trampeln, hüpfen, Bänder schwingen, sich zu Versen und Liedern wiegen, Fingerspiele, Tanzspiele.

Wörter in Bewegung setzen

Ein Begriff wird richtig und langsam ausgesprochen, die Kinder bewegen sich dazu im Raum. Sie gehen, hüpfen oder klatschen. Die Wörter werden in Silben aufgeteilt: Feu-er-wehr-au-to.

Lebendige Buchstaben

Buchstabenkarten werden vorbereitet. Die Kinder turnen die Buchstabenformen nach:

X: Beine grätschen und Arme seitlich schräg nach oben strecken
I: Arme dicht an den Körper pressen, Beine schließen und stillstehen
M: Zwei Kinder stellen sich nebeneinander, Beine schließen, rechter Arm schräg nach unten strecken (Partner spiegelbildlich mit linkem Arm), an den Händen fassen
A: Zwei Kinder stellen sich schräg gegeneinander, Köpfe berühren sich in der Buchstabenmitte, Arme abwinkeln und sich die Hände reichen

Aufgabe: Stelle einzeln oder zusammen mit einem Partner weitere Buchstaben dar.

Rhythmische Muster

Muster aus Perlen, Blättern oder Herbstfrüchten legen oder Mandalas ausmalen.
Die rhythmische Musterwiederholung unterstützt logisches Denken und Handeln. Beides wird für den Lese- und Schreibvorgang benötigt

Lautmalereien

m-m-m-Mama – *s-s-s-Sonne* sprechen und dabei mit einem Zauberstab die Buchstabenformen in die Luft zeichnen. Anschließend auf Tapetenresten, Zeitungspapier, Packpapier oder großen Blättern den Buchstaben immer wieder mit einem dicken Stift (Wachsfarben, Fingerfarben, dicken Holzstiften) in unterschiedlichen Farbkombinationen nachfahren. Dann *oooooh* sprechen und ganz oft die runde O-Form malen. Das Wort *Zwei* sprechen und dabei die Ziffer *Zwei* in die Luft malen.

Es können auch andere Zeichen und Schwünge gezeichnet werden.

Lautspiele erfinden, rhythmisch sprechen und zeichnen:
si – se – sa – so – su und raus bist du
bi – be – bo – ba – bu und raus bist du
mi – me – mo – ma – mu und raus bist du
ticke, tacke, tocke, tu und raus bist du
Dabei die gewünschte Buchstabenform in die Luft schreiben. Bei si ein s, bei bi ein b usw.

Reim und Schwungübung in verschiedenen Stimmungen anbieten: laut, leise, langsam, schnell, traurig, wispernd, aber auch singend oder als Buchstabensalat wie:
lala – lala – lala – leeee – lilililili
und dabei das erste oder letze li betonen:
li li li li li oder li li li li **li**

Die Betonung zusätzlich durch lautes Klatschen, einmaliges Stampfen unterstützen oder einmaliges gleichzeitiges Stampfen und Klatschten:
lale lale lale **lee**
m**o**mo m**o**mo m**o**mo m**o**m**ee**
rale **ra**le **ra**le **ra**l**ee**
ritsche ratsch ritsche ru und raus bist du
kille kalle kolle ku und suchen musst du

Anlaute üben mit Wattebällchen:
schi – sche – scho – scha – schu (dabei die Watte wegpusten)

Weitere Anlaute: di – fi – ki – pi ...

Luftballonspiele

Den Ballon werfen, schubsen, pusten, fangen, mit ihm Fußball spielen, ihn tragen, zwischen die Knie klemmen, ihn rollen, stupsen, dem Partner zuwerfen.

Mit dem Luftballon so spielen, dass er in einer vorgegebenen Zeit nicht den Boden berührt. Es kommt auf Teamarbeit, Schnelligkeit und Reaktion an.

Aus allen Luftballons große Buchstaben, Zahlen, Formen oder Symbole legen.

Am Schluss den Luftballon zum Platzen bringen.

Statt Luftballon können auch japanische Papierbälle, Tücher, Bänder usw. benutzt werden.

Koordinationsspiel

Ein Mannequin trägt etwas auf dem Kopf, auf dem Arm, auf dem Schuh, auf dem Rücken, auf der Handfläche: Buch, Bleistift, Wattebausch, Luftballon, Sandsäckchen, Tennisring …

Buchstaben und Laute erfahren

- zu einem bestimmten Anfangslaut Gegenstände holen: Taschentuch, Tintenpatrone, Triangel
- Wörter suchen, in denen ein bestimmter Buchstabe (bzw. Laut) vorkommt
- sich merken, wo sich der Buchstabe (bzw. Laut) versteckt: am Anfang, in der Mitte oder am Ende
- den Buchstaben schreiben, nachfahren, auf den Boden zeichnen und nachlaufen.
- mit einer Flasche Wasser den Buchstaben auf den Schulhof spritzen und abhüpfen

Körperspiel 1: Was sagen meine Hände?

So tun, als wolle man drohen, klatschen, streicheln, in die Luft schreiben, radieren, sich die Augen müde reiben, winken, zwicken.

Körperspiel 2: Was sagt mein Körper?

Gestik, Mimik und Körpersprache sind gefragt: Ich kann blinzeln, die Zunge herausstrecken, böse schauen, erstaunt aussehen, traurig gehen, wütend stampfen, jemanden auslachen, gähnen, angestrengt Ausschau halten, jemanden nach dem Weg fragen, verlorenes Geld suchen, ein schlechtes Gewissen haben.

Körperspiel 3: Was sagt mein Gesicht?

Stumm pfeifen, Handkuss machen, pusten, Zähne blecken, vor Kälte bibbern, Schmollmund machen, Zunge herausstrecken oder bis zur Nasenspitze schieben, gähnen, gurgeln, Augen rollen, blinzeln, abwechselnd nur mit einem Auge schauen, rasch mit den Augen klimpern, Nase kräuseln, Stirn runzeln, eine steile Nasenfalte ziehen, Grimassen schneiden.

Körperspiel 4: Gummiband-Grimassen-Spiel

Vor dem Spiegel oder vor Zuschauern wird ein Gummiring bis zur Stirn über den Kopf gezogen. Die Hände werden hinter dem Rücken versteckt. Allein durch die Bewegung der gesamten Gesichtsmuskeln soll der Gummiring nun von der Stirn abwärts bis zum Kinn – oder über das Kinn hinaus bis zum Halsansatz – wandern.

Sprachspiele

Sortieren

- Bilder aus Katalogen, Werbebroschüren oder Zeitschriften sammeln, ausschneiden und zu Oberbegriffen sortieren (Suche Fahrzeuge aller Art.)
- anschließend Untergruppen bilden (Lege alle Fahrzeuge mit zwei Rädern, schnelle, langsame Fahrzeuge zu einer Reihe. Sortiere Fahrzeuge, die auf dem Land, in der Luft oder auf dem Wasser unterwegs sind.)
- Tierbilder ausschneiden und nach wilden und zahmen Tieren sortieren
- auf Kärtchen einzeln die Buchstaben des eigenen Namens, die Ziffern der eigenen Telefonnummer, Lieblingsbuchstaben oder Lieblingszahlen schreiben. Die Karten in der Klasse sammeln, mischen und auf dem Tisch verteilen.

Aufgabe ist es nun, die Kärtchen nach Zahlen und Buchstaben zu sortieren. Als Wettspiel werden so rasch wie möglich alle Zahlen eingesammelt.

- auf Wortkarten optisch lange und kurze Wortgebilde unterscheiden (ohne lesen zu können): *Ei – Hand – Ball – Maus – Baum* (1 x klatschen); *Feuerwehrhaus – Bilderbuch* usw. (mehrmals klatschen)
- statt Wortbilder gemalte Bilder oder Fotos von einem Ei, einem Ball nehmen
- aus Wortkarten gleiche Wortbilder heraussuchen und Paare bilden: *Otto/Otto – Uhu/Uhu – Ball/Ball – Hase/Hase – Nase/Nase – Tom/Tom*

Wort-in-Wort-Rätsel

Wer kennt Dinge, die etwas mit dem Monat Mai gemeinsam haben? (*Maikäfer, Maibaum, Maiglöckchen, Maientag, der Monat Mai, Maienlied* usw.)

Natürlich kann man auch jahreszeitliche Begriffe nehmen wie *Ostern, Nikolaus, Winter* oder einen Begriff wie *Kinder* in *Kindergarten, Kinderschuh, Kinderkleid* usw.

Rätsel

Ich kenne ein Tier, das trägt sein Haus auf dem Rücken. (Schnecke)
Ich weiß, wann man Wasser ohne Behälter spazieren tragen kann. (wenn es gefroren ist)
Ich kenne ein Lied, das man nicht singen kann. (Augenlid)
Ich kenne ein Tier, das sieht wie ein Nadelkissen aus. (Seestern)
Wie nennt man die Haare eines Igels? (Stacheln)

Sätze bauen und Geschichten erfinden

Aus drei Wörtern werden Sätze gezaubert oder eine Geschichte erzählt. Die Kinder können sich auch zuerst drei Begriffe ausdenken und Sätze dazu finden. Sie malen sie als drei kleine Bilder oder Symbole. Die anderen Kinder finden die Lösung.

Katze – Garten – Maus: Meine Katze Mohrle hat gestern eine kleine Maus in unserem Garten gefangen.

Wecker – Bett – Schule: Mein Wecker hat heute nicht geklingelt. Ich habe verschlafen und bin zu spät zur Schule gekommen.

Becher – Schriftzug-Logo einer Limonadenmarke – Krankenhaus-Symbol: Ich habe gestern zu viel Limonade getrunken. Davon bekam ich Bauchschmerzen. Meine Eltern brachten mich in ein Krankenhaus.

Puzzles selbst herstellen

- eine Postkarte zerschneiden und wieder zusammenfügen
- ein Blatt senkrecht mit Kurven oder Zacken zerschneiden und wieder zusammenfügen
- ein Blatt beliebig zerschneiden, dabei Abstand zwischen den Schnittstellen lassen

Tastkarten herstellen

Auf Bieruntersetzer, Karten oder Karteikarton einen dicken Wollfaden, eine Schnur oder ein Band aufkleben. Es können Zahlen, Buchstaben oder Formen sein. Die Linien blind mit dem Finger nachfahren. Unterschiedliche Materialien aufkleben: Watte, Stoffreste, Naturmaterialien (siehe auch Kapitel 12, Sinnesschulung: Tasten, Hören und Sehen).

Gegensatzkarten

Auf zwei Karten gegensätzliche Dinge malen, schreiben oder die Dinge aus Illustrierten, Werbeprospekten oder Reisekatalogen ausschneiden: ein Elefant und eine Maus, ein Erwachsener und ein Kind, die Farben Schwarz und Weiß …

Reimwörter

Reimwörter können gemalt oder auch ausgeschnitten werden wie *Haus* und *Maus*, *Nase* und *Hase*, *Tisch* und *Fisch*, *Tasche* und *Flasche*.

Reporterspiele

Zwei Teesiebe zusammenbinden oder einen Stab in einen Schaumstoffball stecken. Mit dem selbst gebastelten Mikrofon dann in die Bauecke, zum Nachbartisch oder auf den Schulhof gehen und berichten, was man gerade macht oder was man beobachten kann, was die Freunde tun, was auf dem Schulhof passiert:

Daniel baut einen Turm. Da kommt die Ebru. Sie hilft ihm.

Wörter sammeln

Die Begriffe *im Haus* und *wohnen* vorgeben. Die Kinder auffordern, daraus kleine Sätze zu basteln. Dabei entdecken sie die Begriffe und wenden sie an:

Im Haus wohnt die Katze. Im Haus wohnt der Bruder. Im Haus wohnen die Eltern. Im Haus wohnt der Hamster Fridolin. Im Haus gibt es ein Bett.

Bandwurmsatz

Das letzte Wort eines Kurzsatzes an den Anfang eines neuen Satzes stellen:

Die Maus wohnt im Haus. Im Haus ist eine Treppe. Die Treppe geht in den Keller. Im Keller steht der Rasenmäher. Den Rasenmäher bringe ich in den Garten. Im Garten sitzt ein Vogel. Der Vogel sitzt im Nest. Das Nest ...

Unglaubliche Geschichten

Wer entdeckt die Fehler?
Heute Morgen stand ich auf, putzte meine Zähne mit der Schuhbürste, dann zog ich meine Mütze an die Füße und nahm mein Butterbrot auf den Rücken. Im Garten schaute mein Hund kurz vom Fernseher auf und dann bestieg ich mein U-Boot, um in die Schule zu gehen.

Geschichten unterbrechen

Der Spielleiter beginnt zu erzählen. Bei dem Stichwort *und dann* macht das nächste Kind weiter. Es darf fabuliert werden:

Heute Morgen habe ich in der Schule den Uli getroffen. Er hat geweint, weil er sein Sportzeug vergessen hat und dann ...
... habe ich zu ihm gesagt, er soll den Peter fragen, der hat immer Ersatz-Sportzeug dabei und dann ...
... war aber der Peter heute gar nicht in der Schule und dann ...
... ist der Uli einfach ohne Turnzeug in den Umkleideraum gegangen und dann ...

Das verlorene Ende

Eine Geschichte wird erzählt. Gerade dann, als es spannend wird, sagt der Erzähler: „Nun ist mir mein Ende verlorengegangen. Wer findet das verlorene Geschichten-Ende?"
Die Ideen werden mit einem Tonaufnahmegerät aufgenommen und später abgehört. So entsteht ein spannendes Hörspiel.

Gerüchteküche

Mehrere Kinder gehen vor die Tür. Der Spielleiter liest einem Kind im Klassenraum eine kleine Geschichte vor, zum Beispiel mit den folgenden Überschriften:
Ich habe mich verlaufen – Ein kleiner Unfall – Ich habe etwas verloren – Ich habe etwas beobachtet

Das Kind soll gut zuhören und sich die Einzelheiten merken. Anschließend wird ein Kind von draußen hereingerufen. Das erste Kind erzählt ihm das Gehörte. Danach wird das nächste Kind gerufen und bekommt vom zweiten Kind das soeben Gehörte berichtet usw. Die Geschichte wird bis zum letzten Kind weitergegeben. Wichtig ist dabei, dass alle Zuhörer ein Sprechverbot erhalten. Sie dürfen weder eingreifen noch verbessern. Der Spielleiter liest am Ende die Geschichte noch einmal vor. Was wurde daraus?

Welches ist das längere/kürzere Wort?

Bei dieser Übung müssen die Kinder genau hinhören: Wörter werden in Silben gesprochen. Dabei werden die Silben rhythmisch untermalt durch Klopfen, Schnipsen usw. Die Kinder hören und spüren mit ihrem Körper, welches der beiden Wörter kürzer bzw. länger ist: *Eis* oder *Kinderschuh/ Banane* oder *Feuerwehrauto/ Tim* oder *Muharrem*.

Reime ergänzen:

Ein kleiner Hase kratzt sich an der ... Nase.
Es spricht die Kuh: Lass mich in ... Ruh.
Der Frosch trägt keinen Schuh und sagt auch nicht .... muh muh.
Die Mutter kauft heute ... Butter.
Der Riese schläft heute auf der ... Wiese.
Die Katze leckt ihre ... Tatze.

Tastspiele

Was ist in diesem Säckchen, in diesem Karton oder unter dem Tuch versteckt?
Watte, Bürste, Brot, Draht, Nagel, Geldstück, Socken, Knete, Creme-Dose, Spielzeug, Stifte

Verstecken lassen sich auch Buchstaben, Zahlen und Symbole (Posthorn, Bäckerbrezel usw.), die aus Knete oder Pfeifenputzerdraht geformt, aus Sandpapier, Moosgummi oder Pappe ausgeschnitten oder mit einer Schnur auf eine Karte geklebt werden.

Wahrnehmungstraining: Hör- und Lauschspiele

Gedächtnis und Merkfähigkeit trainieren

- Augen schließen und berichten, was man in der Klasse, in der Halle, auf dem Pausenhof hört. Die Geräusche hören, einordnen, identifizieren, beschreiben, benennen.
An was erinnern euch diese Geräusche?
- Geräusche mit der Stimme nachmachen: Wie klingt ein Auto, das bremst, eine Biene, die summt, ein Kind, das weint, ein Löwe, der knurrt?
- Geräusche von einem Tonträger hören. Wer kann zu den Geräuschen ein passendes Bild malen?

Geräusche erraten

Sich hinter einem umgekippten Tisch (Vorhang oder Tuch) verstecken und ein Geräusch machen: Papier zerknittern, mit der Schere schneiden, mit dem Finger schnipsen, Wasser in eine Tasse gießen, mit der Fahrradklingel klingeln, Perlen in einen Becher schütten, mit einem Bleistift klopfen.
Die Lösungen auf ein Blatt malen, schreiben oder zurufen lassen.

Lauschspiel

Alle Kinder sitzen im Kreis, ein Begriff oder ein lustiger Kurzsatz wird dem Nachbarn leise ins Ohr geflüstert. Der Nachbar flüstert das Gehörte seinem anderen Nachbarn in das Ohr. So wandert die Botschaft von Kind zu Kind. Das letzte Kind sagt laut, was es verstanden hat. Alle entdecken dabei, wie sich etwas verändert.

9 Schulung der Feinmotorik: Besondere Bastelangebote

Vorbemerkungen

Bei immer mehr Kindern finden feinmotorische Aktivitäten kein spontanes Mittun. Dazu gehören malen und basteln. Feinmotorische Übungen und Spiele fordern die Handgeschicklichkeit und eine intakte Auge-Hand-Koordination. Genaues Ausschneiden, Modellieren mit Ton oder Knete, exaktes und farbenfrohes Ausmalen gelingt Kindern immer weniger. Oft beschränken sich diese Kinder, bei einem Arbeitsblatt etwas anzukreuzen oder zu umfahren. Dies reicht aber nicht, um später die Hand so geschickt führen zu können, dass die Buchstaben gut gelingen.

Mütter berichten zunehmend, ihr Kind hätte noch nie gerne gemalt, gebastelt, gepuzzelt oder mit Konstruktionsmaterial gespielt. Fragt man die Kinder, sagen sie: „Ich kann das nicht!"

Natürlich hat ein Kind gute Gründe, diesen Anforderungen aus dem Weg zu gehen. Es fehlt ihm die Erfahrung und die Sicherheit. Sicher hatte das Kind zu wenig Gelegenheit, diese feinmotorischen Aufgaben, Spiele und Angebote zu entdecken und zu erfahren. Statt es sagen zu lassen „Hilf mir, es selbst zu tun", haben andere ihm solche Aufgaben abgenommen. Schulpflichtige Kinder sollten sich aber selbst die Schuhe binden, den Reißverschluss am Anorak zuziehen, Knöpfe am Hemd richtig schließen oder die Schuhe an die richtigen Füße anziehen können.

Misserfolge beim eigenen Tun ermutigen das Kind natürlich keineswegs, es noch einmal auszuprobieren. Immer wieder sind die eigenen Ansprüche des Kindes oder die Erwartungen der Eltern zu hoch. Die bisherigen Ergebnisse reichen nicht aus und halten der kritischen Betrachtungsweise des Kindes oder Erziehers nicht Stand. Vielleicht fehlte es auch an Gelegenheit, etwas in entspannter Atmosphäre auszuprobieren, zu experimentieren, ungewöhnliche Lösungsansätze zu entdecken, oder es schien dem Kind von vornherein als zu schwierig, sodass es jeglichen Mut, die Motivation und die Lust verlor. Vielleicht dachte das Kind auch nur, dieses Angebot könne ja gar keinen Spaß machen. Vielleicht hat das Kind noch nicht genügend Ausdauer, Geschicklichkeit, Konzentration. Es ist zu ungeduldig und unruhig, gibt zu schnell auf und traut sich nicht, etwas Unbekanntes in Angriff zu nehmen.

Im Schreiblern-Prozess benötigt das Kind aber dringend diese feinmotorischen Vorerfahrungen. Wenn es keine eigene Motivation entwickelt, muss deshalb nachgeholfen werden. In meinen Klassen habe ich gute Erfahrungen gemacht mit Bastelangeboten, die für Kinder einen besonderen Reiz ausüben. Ich zeige ihnen ein Bastelergebnis, das in den Kindern eine Begehrlichkeit auslöst – sei es, weil eine Süßigkeit darin verarbeitet wurde oder weil es Neidgefühle wecken kann. Auf jeden Fall muss es etwas sein, das die Kinder unbedingt besitzen möchten. Der „Haken" dabei ist, dass sie ihn dazu erst einmal selbst herstellen müssen. Für ein Kind, das Bastelarbeiten normalerweise ablehnt, ein Dilemma. Es ist hin- und hergerissen zwischen dem Habenwollen und der Zuschauerrolle, wenn andere Kinder sich diesen tollen Gegenstand herstellen. In diesem Zwiespalt lässt sich ein Kind mit etwas Ermunterung aus der Reserve locken und zum Mittun gewinnen. Erfolgserlebnisse sind vorprogrammiert, denn das Kind erfährt bei der Arbeit, dass es nichts falsch machen kann. Schließlich lässt Kreativität alle Lösungsmöglichkeiten zu. Die Ergebnisse sind beeindruckend, zeitlich machbar, manchmal unüblich, aber legitim und fantasievoll. Kinder, die bisher freiwillig weder eine Schere noch einen Stift in die Hand genommen haben oder eher lustlos neben dem Basteltisch im Kindergarten als Zuschauer standen, werden in wenigen Wochen garantiert vom Bastelmuffel zum Bastelfan.

Zum Glück durchschauen die Kinder nicht meine pädagogische Absicht. Zwar lehnen zu Schuljahresbeginn viele Kinder zunächst meine geplanten Aktionen ab, aber wenn ich etwas Besonderes anbiete – und das geschieht wöchentlich – springen auch diese Kinder über ihren Schatten. Auch schwierigere Aufgaben, die nicht an einem Vormittag bewältigt werden können, meistern sie nach und nach spielend. Sie erkennen von ganz allein, dass sie begabt sind und dass jedes von ihnen seine Stärken hat. Ein Kind kann exakt ausschneiden, das andere hat ein enormes Vorstellungsvermögen, ein anderes ist stark darin, eine Aufgabe unbekümmert und experimentierend anzugehen, oder es hat einen ausgeprägten Sinn für wunderschöne Farben.

Damit die Süßigkeits-Arbeiten nicht gleich vertilgt werden, biete ich den Kindern einen Kompromiss in Form einer Herausforderung an: Wer kann nach einer Woche seine Arbeit noch einmal heil mitbringen? Zur Belohnung winkt ein Vitaminbonbon oder ein Traubenzucker-Lutscher.

Sobald die Bastelarbeit „überstanden" ist, dürfen die Kinder sie mit nach Hause nehmen. Einige Kinder bekommen erstaunlicherweise Lust, den Gegenstand zu Hause noch einmal nachzubasteln, oder erklären der Mutter, wie sie in der Schule beim Basteln vorgegangen sind.
Präsentiert ein Kind der Gruppe den nachgebastelten Gegenstand, sollte es neben dem anerkennenden Beifall ein zusätzliches Lob von der Lehrkraft geben. Dadurch werden auch andere Kinder animiert, es dem Kind gleichzutun und noch einen „Zwilling" herzustellen.
Auf jeden Fall erfahren alle Kinder in kurzer Zeit, wie mutig und erfolgreich sie sind. Bald können die Süßigkeiten zugunsten normaler Bastelangebote ausgetauscht werden und die Kinder mausern sich zu richtigen Bastelfans.

Viele Auffälligkeiten in der Feinmotorik, der Ausdauer, der Mitmachfreudigkeit, der Aufmerksamkeit und Konzentration, im Selbstvertrauen und Selbstwertgefühl können dabei reduziert oder vollständig behoben werden.

Vorschläge für Bastelarbeiten

Kartoffelhase

Material: 1 große und 1 kleine rohe Kartoffel, Zahnstocher, 1 Schaschlikstab, Wattebäuschchen, Restpapier, Farben, Kleber, Schere, 2 Rosinen, 1 Stück Möhre, Moos, Ostergras oder Heu, kleine eingewickelte Schokoladen-Eier

Und so wird es gemacht: Die kleine Kartoffel als Hasengesicht gestalten: Ohren und Schnurrhaare aus Papier jeweils an einen Zahnstocher kleben und in die Kartoffel stecken. Rosinenaugen und Möhrennase ebenfalls mit Zahnstocher befestigen. Mit dem Schaschlikstab den Kopf in den Körper (große Kartoffel) stecken. Watteschwänzchen einstecken und Hase in das Nest setzen. Bunte Schoko-Eier dazugeben.

Zitronen-Glücksschwein

Material: 1 große, feste Zitrone, 4 Streichhölzer ohne Zündköpfe, 1 Stück Papier, Schere, Messer, 1-Cent-Stück, 2 Rosinen oder Nelken, 2 Mandeln, 1 Stück Möhre

Kartoffelhase

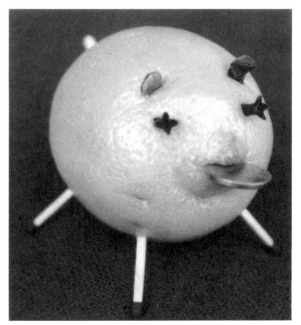

Zitronen-Glücksschwein

Und so wird es gemacht: Mit dem Messer in die Zitrone einen Schlitz für das Geldstück schneiden. Gesicht mit Rosinenaugen, Papierohren und Möhrennase ausgestalten. Papierschwänzchen und Streichholzbeine anbringen.

Obstschweinchen

Material: 1 Apfel oder 1 Birne oder 1 Mandarine, Zahnstocher, Pfeifenputzerdraht oder Schnur, Papier, Schere, Kleber, 2 Rosinen, Karton, Pappteller oder Bieruntersetzer, 1 Stück Möhre. 4 Streichhölzer ohne Zündköpfe

Und so wird es gemacht: Das Obst als Tierkörper verwenden. Papierohren, Rosinenaugen und Möhrennase mit Zahnstochern befestigen. An das Hinterteil ein Pfeifenputzerdraht (Schwänzchen) stecken. Aus den Streichhölzern 4 Beine einstecken.

Bonbonblume

Material: eingewickelte Bonbons, Karton, Kleber, Schere, 1 Schaschlikstab, Krepp-Papier, Papierreste

Und so wird es gemacht: Aus dem Karton zwei gleich große Kreise schneiden und mit einem Muster bemalen. Den Außenrand einer Scheibe dicht mit eingewickelten Bonbons (Blütenblätter) bekleben. Schaschlikstab auf eine Scheibe bis zur Mitte aufkleben. Die zweite Scheibe dagegenkleben. Schaschlikstab (Blütenstängel) mit Krepp-Papierstreifen eng umwickeln. Blütenblätter aus Papier ausschneiden und ankleben.

Tipp: Mehrere Blumen in einen kleinen Blumentopf mit Blumenerde stecken und verschenken.

Kleiner Wichtel

Material: heller Karton oder Tonpapier, Stift, Kleber, Schere, Farben, eingewickelte Bonbons, 2 eingewickelte Kaugummistreifen, Watte, Formschablone (Kopiervorlage)

Und so wird es gemacht: Wichtelform, Dreieck oder andere Form auf Karton aufzeichnen. In das obere Drittel Mütze, Haare, Gesicht zeichnen, Wattebart aufkleben und Bommel an die Mütze kleben. Wichtelkörper umdrehen und auf der Rückseite Bonbonhände, Kaugummibeine, Bonbonschuhe ankleben.

Tipp: lauter Wichtel auf Tonpapier zum Wichteltanz aufkleben.

Käfergruß

Material: grüner Karton oder Tonpapier, Zackenschere (falls vorhanden), dunkler Filzstift, Kleber, Schokoladenkäfer, braunes Papier, Formschablone (Kopiervorlage)

Und so wird es gemacht: Blatt aufzeichnen und ausschneiden. Mit der Zackenschere entsteht ein echter Blattrand. Blattadern einzeichnen und einen braunen Stiel auf der Rückseite ankleben. Schokoladenkäfer hineinsetzen und einen Gruß schreiben: Liebe Grüße von ...

Bonbonblume

Obstschweinchen

Packeselchen

Material: Karton oder festes Tonpapier, Farben, Schere, Frischhaltefolie, Wollreste, Gummibärchen, Klebestreifen, Restpapier, Formschablone (Kopiervorlage)

Und so wird es gemacht: Karton in der Mitte falten. Esel aufzeichnen (Papierbruch am Rücken) und doppelt ausschneiden. Zwei Ohren aus Tonpapier ausschneiden und Gesicht gestalten. Auf dem Eselrücken eine bunte Decke aufmalen. Gummibärchen in zwei Säckchen aus Folie packen und zubinden. Hufe umknicken, mit Kleber bestreichen und Esel auf einen Karton festkleben. Foliensäckchen mit einem Stück Wolle aneinanderbinden und als Fracht über den Rücken legen. Vor das Eselchen etwas Gras, Stroh, Moos oder Heu legen.

Süßes Kind

Material: Karton oder festes, helles Tonpapier, Kleber, Schere, Bleistift, Farben, eingewickelte Bonbons

Und so wird es gemacht: Kind als Umriss aufzeichnen. Gesicht, Haare, Jacke, Hose oder Kleid malen und bunt ausgestalten. Auf der Rückseite Bonbons als Hände und Schuhe ankleben.

Schokoriegel-Schiff

Material: eingepackter Schokoriegel, Faltpapier, Schaschlikstab, Schere, Kleber, Farben, Karton oder Pappteller, Restpapier

Und so wird es gemacht: Faltpapier zum Dreieck falten und an der Faltlinie auseinanderschneiden. Die beiden entstandenen Segel beidseitig bunt bemalen und an dem Schaschlikstab befestigen. Zwei Papierstreifen ergeben die Schiffswände. Sie müssen bequem um den Schokoriegel passen. Bullaugen aufmalen und Schiffsrumpf an beiden Enden zusammenkleben. Schokoriegel auf beiden Längsseiten mit Kleber bestreichen. Schiffsrumpf darüberstülpen und ankleben. Aus blauem Papier Wellen schneiden, unten etwas abfalten, mit Kleber bestreichen und auf die Unterlage (Karton oder Pappteller) kleben. Das fertige Schiff einkleben, das Segel hineinstecken.

Herzensgrüße

Material: heller Karton oder Tonpapier, Stift, Farben, Schere, Kleber, 1 eingepackte Praline (Käfer oder Herz), schwarzer Filzstift, Formschablone (Kopiervorlage)

Und so wird es gemacht: Herz aufmalen und ausschneiden. Rundherum mit einem Muster einfassen, auch innen bemalen oder einfarbig ausmalen. Wer möchte, darf einen Gruß darauf schreiben: Ich hab dich lieb – werde gesund, lieber Opa – für meinen besten Freund (am besten auf dem Papier oder an der Tafel vorschreiben). Süßigkeit in der Mitte aufkleben.

Doppelherz

Material: Tonpapier, Schere, etwas Band, eingewickeltes Bonbon oder Praline, 1 Blatt Papier

en

Schokoriegel-Schiff

Und so wird es gemacht: Ein großes und ein kleines Herz aufzeichnen und ausschneiden. An der oberen Seite des großen Herzes zwei Schlitze einschneiden oder einritzen. Kleines Herz mit einer Süßigkeit verzieren und versetzt auf das große Herz aufkleben. Auf das Blatt Papier einen Gruß oder Brief schreiben, zusammenrollen und mit dem Band zusammenbinden. Band durch die beiden Schlitze ziehen und auf dem Herz mit einer Schleife zubinden.

Nessie, das Bonbonmonster

Material: leere Toilettenpapierrolle, eingewickelte Bonbons, Papierreste, Farben, Kleber, Schere

Und so wird es gemacht: Leere Papierrolle bemalen oder bekleben. Für den Hals und den Kopf aus Papier ein langes Rechteck schneiden, oben ein Stück für den Kopf umknicken. Ist das Tier zutraulich oder gefährlich? Schneide Hörner, Ohren, Zähne, Flügel, Stachel usw. zu, male sie an und klebe die Teile an Nessie. Für die Beine eingewickelte Bonbons an den Papierrollenbauch kleben. Für den Papierschwanz ein langes Rechteck zuschneiden, einschneiden, über die Schere ziehen, damit er sich leicht einrollt. Mehrere Schwänze staffelweise aufeinander geklebt ergeben einen buschigen Schwanz.

Schokoladen-Zapfen

Material: getrockneter Tannenzapfen, Schokoladenplättchen mit Zuckerperlen, durchsichtige Folie, Band

Und so wird es gemacht: Tannenzapfen auf die Heizung legen, bis sich die Schuppen öffnen. Zwischen diese die Schokoladenplättchen schieben. Den gefüllten Zapfen in Folie einwickeln, oben und unten mit einer Schleife zubinden.

Bonbon-Baum

Material: festes Tonpapier, eingewickelte Bonbons verschiedener Art, Kleber, Restpapier, Kerze, Teller

Und so wird es gemacht: Auf das Tonpapier einen großen Kreis zeichnen (Teller oder Topfdeckel umfahren) und ausschneiden. Einen Viertel- oder Halbkreis abschneiden und einen Spitzhut formen. Die Bonbons an einem Papierende dicht aneinander aufkleben, dabei am unteren Rand mit der ersten Reihe beginnen. Mit der zweiten Reihe die erste überlappen, dann Reihe um Reihe aufkleben. Hübsch wird es, wenn für jede Reihe eine andere Bonbonsorte verwendet wird. Zum Schluss die Spitze etwas abschneiden und den Baum zusammenkleben. Oben einen Faltstern oder rundes Deckchen ankleben. Ein kurzes Stück der Baumspitze abschneiden und eine passende Kerze hineinstecken. Auf einen Teller (ausgelegt mit Moos, Herbstlaub, Blüten) stellen.

Tipp: einen größeren Bonbon-Baum als Gemeinschaftsarbeit gestalten.

Doppelherz

Nessie, das Bonbonmonster

Festtagskuchen

Zutaten/Material: selbstgebackener kleiner Kuchen oder Fertigkuchen, verschiedene Süßigkeiten zum Garnieren, nach Bedarf kleine Papierschirmchen oder -fähnchen, Puderzucker und etwas Zitronensaft (oder Schokoladenkuvertüre), kleine Schälchen, Teelöffel, 1 Pappteller, 1 Serviette, durchsichtige Folie, Geschenkband

Und so wird es gemacht: Aus Puderzucker und etwas Saft einen dicken Klebebrei rühren oder die Kuvertüre auf den Kuchen gießen. Mit den Süßigkeiten darauf Muster gestalten und, wenn gewünscht, in die Mitte ein Papierschirmchen oder buntes Fähnchen stecken. Serviette auf einen Papierteller auslegen, den Kuchen daraufsetzen und in eine durchsichtige Folie als Geschenk einpacken. Mit einer dekorativen Schleife zubinden.

Lutscher-Schmetterling

Material: eingewickelter Lutscher, leichter Karton, Wollfaden, Farben, Schere, Kleber, Formschablone (Kopiervorlage)

Und so wird es gemacht: Schmetterling auf den Karton zeichnen, bunt ausgestalten und ausschneiden. Den Lutscher in der Mitte mit einem Wollfaden festbinden und als Schmetterlingsbauch aufkleben. Beide Flügel leicht nach oben abbiegen.

Tipp: Schmetterling als Tischschmuck am Geburtstag oder einem anderen Fest auflegen.

Buchstaben und Zahlen backen

Zutaten: 500 Gramm Mehl, 250 Gramm Butter, 200 Gramm Zucker, 3 Eier, ein Päckchen Vanillezucker, 1 Päckchen Backpulver

Und so wird es gemacht: Mit den Zutaten einen Knetteig herstellen. Aus dem Teig Kugeln formen, zu Würsten rollen und Buchstaben oder Zahlen formen. Formen im Backofen backen, bis sie goldbraun sind.

Tipp: Wenn man möchte, die fertigen Buchstaben mit einer festen Creme aus Puderzucker und etwas Zitronensaft bestreichen. Mit Gummibärchen oder Schokodrops belegen. Mit den gebackenen Buchstaben Kindernamen schreiben.

Textiles Werken: Spannstich-Arbeiten

Material: dicke Sticknadel (darf vorne stumpf sein), Woll- oder Stickgarnreste, Tonpapier, Bleistift

Und so wird es gemacht: Auf das Tonpapier eine Form zeichnen: Ball, Haus, Tanne ... Mit der Nadel am Formenrand ringsherum Löcher einstechen (nicht zu dicht!). Nadel einfädeln und von einer Seite zur anderen den Faden spannen und nähen. Auf der Rückseite des Blattes zur anderen Seite wandern und weiternähen. Der Spannstich ist auf beiden Seiten sichtbar. Fertige Arbeit auf ein größeres Blatt oder auf die Vorderseite einer Faltkarte kleben.

Käfergruß

Bonbon-Baum

Lutscherschmetterling

Kopiervorlage 1: Schnittmusterbogen zu den Bastelangeboten

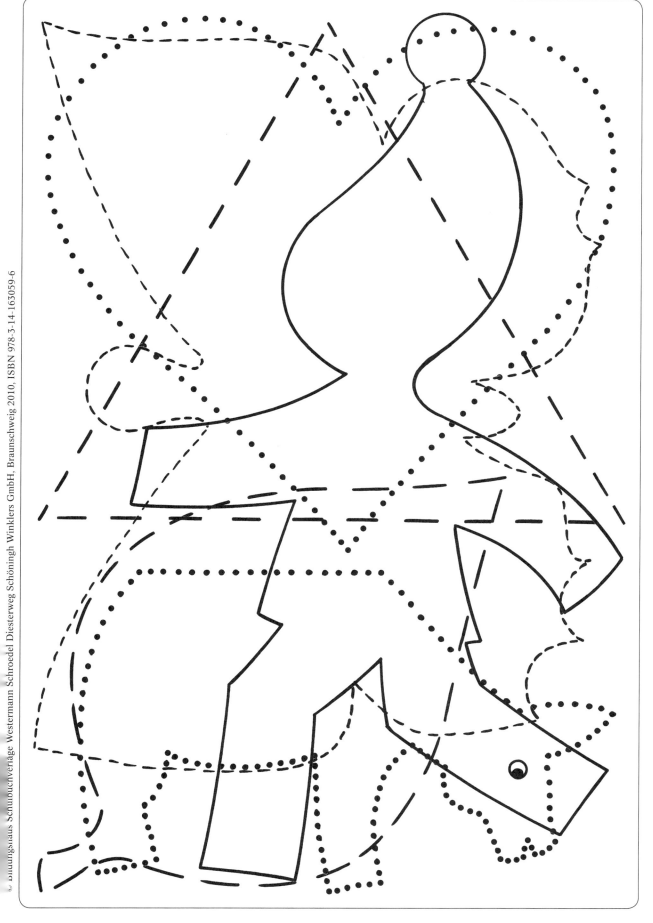

10 Schulung der Feinmotorik – Origami-Faltarbeiten

Faltarbeiten fordern Eigeninitiative und Kreativität in hohem Maße. Ausdauer, Konzentration, Aufgabenverständnis, Fantasie, Merkfähigkeit und Freude am Tun werden weiterentwickelt, schließlich müssen die Kinder genau hinschauen und sich den Faltvorgang gut merken, wenn die Lehrkraft ihn vorzeigt.

Außerdem wird die Handgeschicklichkeit geschult. Falten ist ein gutes Auge-Hand-Koordinationstraining und daher eine unverzichtbare Vorübung für den Schreiblernprozess. Es macht Hände und Finger geschmeidig und regt die Feinmotorik an. Und nicht zuletzt lernen und verinnerlichen die Kinder beim Nachfalten Begriffe wie *oben, unten, rechts, links, Mitte, Kante, Ecke, senkrecht, waagerecht, umdrehen, einschneiden* …

Die Faltarbeit wird aufgeklebt und in ein farbenfrohes Erzählbild eingebettet. Gefaltete Hüte kann man natürlich aufsetzen und Papierschiffchen auf dem Wasser schwimmen lassen. Faltarbeiten eignen sich zudem als Tischkarten, als Fensterschmuck und für Einladungen. Nach fleißiger Faltarbeit wird auch das Klassenzimmer verschönert. Ein Blickfang sind z. B. Wunderblumen aus Rosettenkreisen, die auch im Winter an den Fenstern blühen. Und eine tropische Atmosphäre entsteht, wenn die Kinder aus Spitzenschnitt-Federn bunte Paradiesvögel schlüpfen lassen.

Faltarbeiten kann man auch kombinieren und zu einer Gemeinschaftsarbeit arrangieren. Aus einzelnen Faltarbeiten entwickelt sich dann ein Gesamtkunstwerk. Natürlich kann die Einzelarbeit auch in eine Faltheftseite eingeklebt werden, die sich dann weiter ausgestalten lässt. Weitere Elemente können dazugemalt oder aufgeklebt werden. Reichert man ein solches Bild z. B. mit Materialien wie Muscheln, Holzfurnieren, Watte, Stoffblüten, Moos oder Zweigen an, entstehen kreative Fühlbilder.

Es empfiehlt sich, ein Faltheft als Faltschule anzulegen. Es ermöglicht Eltern, Pädagogen und den Kindern selbst Einblicke in die zeichnerischen Fähigkeiten und Fertigkeiten des Kindes und zeigt wichtige Entwicklungsschritte auf.

Folgende Fragen sollte man an die einzelnen Bilder stellen: Nimmt das Kind überwiegend dunkle und düstere oder helle und freundliche Farben? Malt es winzig klein oder eher großzügig? Zeichnet es Kopffüßler, oder sind bereits Bauch und andere Details erkennbar?
Wie stellt sich die Entwicklung der Feinmotorik dar? Sind Fortschritte erkennbar? Wählt das Kind schon Ornamente und Schleifen zum Ausschmücken? Erfindet es Details dazu? Wie ordnet das Kind die einzelnen Zeichen an? Berühren sie sich oder stehen sie isoliert nebeneinander? Welche Ausdrucksfähigkeit und Erzählkraft signalisiert das Bild?

Kopiervorlage 2: Origami-Faltanleitung – Fisch und Schneeglöckchen

Fisch aus dem Quadrat

1.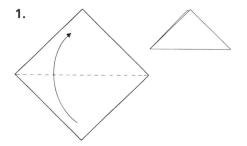

2.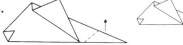

3.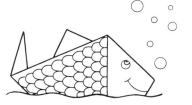

4.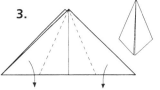

5.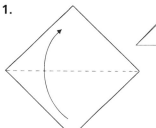

umdrehen und gestalten

Schneeglöckchen aus drei Quadraten

1.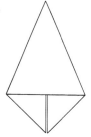

mit allen drei Quadraten gleich verfahren

2.

zuklappen und wieder aufklappen

3.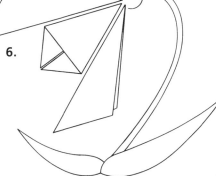

4.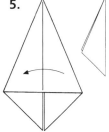

umdrehen und für mittlere Glocke verwenden

5. für äußere Glocke zusammenklappen

6. drei Glocken anordnen und gestalten

Kopiervorlage 3: Origami-Faltanleitung – Hahn und Storch

Hahn aus dem Quadrat

1.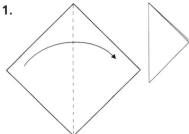
2.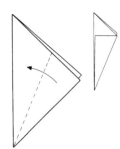
3.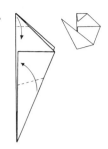

4.

umdrehen

5.

Teile aus Papier ausschneiden

6.

zusammenfügen und gestalten

Storch aus dem Quadrat

1.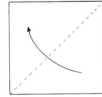
2.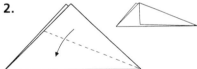

3.
4.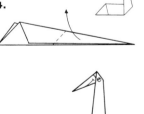

5.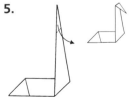
6.

umdrehen und gestalten

Kopiervorlage 4: Origami-Faltanleitung – Schmetterling und Pinguin

Schmetterling aus geteiltem Quadrat

1.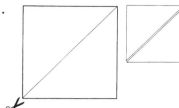

2.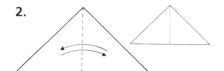
zuklappen und wieder aufklappen

3.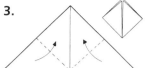
mit jedem Dreieck gleich verfahren

4.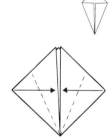

5.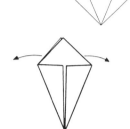

6.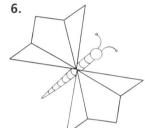
zusammenfügen und gestalten

Pinguin aus dem Quadrat

1.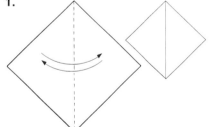
zuklappen und wieder aufklappen

2.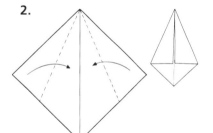

3.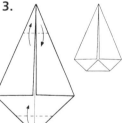

4.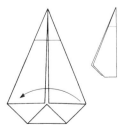

5.
nach innen knicken

6.
gestalten

Kopiervorlage 5: Origami-Faltanleitung – Vogel

Vogel aus dem Quadrat

1.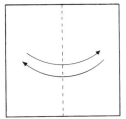
falten und wieder aufklappen

2.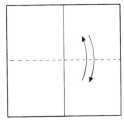
falten und wieder aufklappen

3.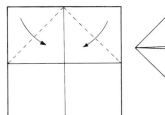

4.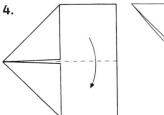

5.
nach innen falten

6.
Schwanzfedern einschneiden

7.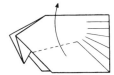

8.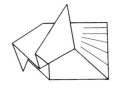
auch den anderen Flügel nach oben falten

9.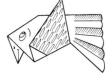
gestalten

Kopiervorlage 6: Origami-Faltanleitung – Katze

Katze aus zwei Quadraten

1.
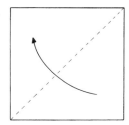 

zunächst den Kopf falten

2.

3.
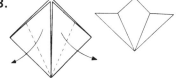

4.
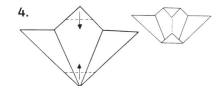

5.

umdrehen

6.
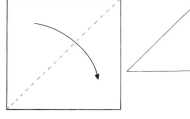

jetzt den Körper falten

7.
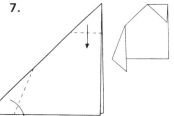

8.

Beine zurechtschneiden

9.
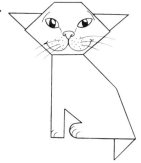

umdrehen, Kopf und Körper zusammenfügen und gestalten

Kopiervorlage 7: Origami-Faltanleitung – Hund

Hund aus zwei Quadraten

1.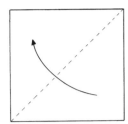
zunächst den Kopf falten

2.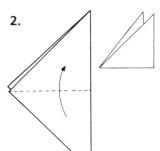

3.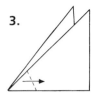
falten und umdrehen

4.

5.
umdrehen und anderes Ohr falten

6.
umdrehen

7.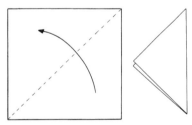
jetzt den Körper falten

8.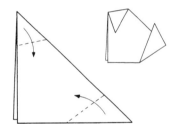

9.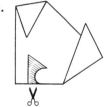
Beine zurechtschneiden

10.
umdrehen, Kopf und Körper zusammenfügen und gestalten

Kopiervorlage 8: Origami-Faltanleitung – Flugzeug

Flugzeug aus dem Quadrat

1.
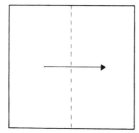

2.
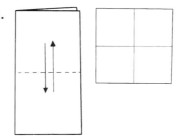
falten und alles wieder aufklappen

3.
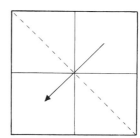

4.
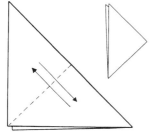

5.
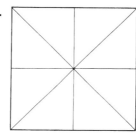
alles wieder aufklappen

6.
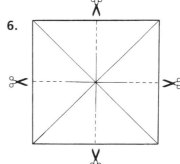
4 x bis zur Hälfte einschneiden

7.
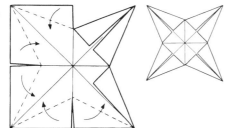

8.
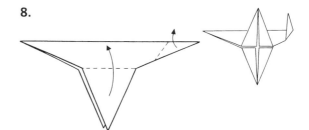

9.
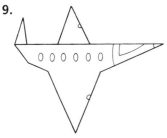
umdrehen und gestalten

11 Schulung der Feinmotorik – Lustige Fingerspiele

Finger sind vielseitige Instrumente

Schon ganz kleine Kinder lieben es, mit den Fingern zu spielen, wenn die Mutter die ersten Fingerspiele mit dem Kind spricht und dabei singt. Finger können Unterschiedliches machen. Sie können klopfen, drohen, zappeln, zwicken … Man braucht sie zum Essen, Schneiden, Malen, Basteln, Kneten, Falten, Streicheln, Waschen, Zähne putzen und natürlich zum Anfassen, Festhalten oder Wegtragen.

Hände und Finger sind besonders wichtig. Wie unersetzlich sie sind, entdeckt ein Kind, wenn es sich an der Hand verletzt oder in den Finger schneidet. Sie sind sehr empfindlich und feinfühlig, sie spüren zarte Berührungen, empfinden Kälte oder können einen Gegenstand abtasten und erfassen. Finger können auch trösten, wenn man sie in den Mund steckt und daran nuckelt. Finger sind immer bei mir, sie können jedes Spielzeug ersetzen. Sie sind einfach wichtig und ein wunderbares Mittel, sich mit ihnen zu beschäftigen.

Deshalb sind Fingerspiele nicht nur bei kleinen Kindern so beliebt. Die Beweglichkeit der Finger lässt jedes Lied lebendig werden, setzt Reime oder Geschichten in Bilder um, unterstützt rhythmisches Sprechen und macht das Sprechtempo bewusst. Fingerspiele werden gesprochen, gesungen, dargestellt und sind nicht nur ein Ohrenschmaus, sondern auch eine Augenweide, wenn man sie Eltern und Gästen bei einem Fest vorspielt. Dass Fingerspiele ein herrliches Trainingsmittel für die Feinmotorik und dadurch auch für den Schreibvorgang sind, versteht sich von selbst. Darüber hinaus lassen sie sich während der gesamten Grundschulzeit als Fingergymnastik einsetzen.

In unserer Klasse haben die Kinder immer wieder Spaß daran, weitere Verse zu ergänzen oder neue Fingerspiele zu erdichten.

Gewitter (Spiel am Tisch)

Es tröpfelt. *(mit zwei Fingern leise auf die Tischkante trommeln)*
Es regnet. *(mit allen Fingern leise auf den Tisch trommeln)*
Es gießt. *(mit allen Fingern auf den Tisch trommeln)*
Es hagelt. *(mit den Fingerknöcheln klopfen)*
Es blitzt. *(mit rechter Hand Zackenblitze in die Luft zeichnen)*
Es donnert. *(mit beiden Fäusten auf den Tisch trommeln)*
Und alle laufen schnell nach Hause. *(Hände blitzschnell hinter dem Rücken oder unter dem Tisch verschwinden lassen)*

Meine Finger, meine Finger (Bewegungsspiel mit beiden Händen)

Meine Finger, meine Finger
sind gar lustig kleine Dinger.
Fünf hab ich an jeder Hand.
Sie können klatschen: Klapp, klapp, klapp. Klapp, klapp, klapp.
Sie können drohen: Du, du, du. Du, du, du.
Sie können pochen: Poch, poch. Poch, poch, poch.
Sie können nicken: Tick, tick, tick. Tick, tick, tick.
Sie können tanzen: Eins, zwei, drei. Eins, zwei, drei.

Das ist der Daumen

Das ist der Daumen.	*(Daumen zeigen)*
Der schüttelt die Pflaumen.	*(Zeigefinger zeigen)*
Der liest sie auf.	*(Mittelfinger zeigen)*
Der trägt sie nach Haus.	*(Ringfinger zeigen)*
Und der Kleinste isst sie alle auf.	*(mit der linken Hand alle Finger der rechten Hand schütteln und „lecker!" rufen)*

Fünf Hündchen

Fünf Hündchen hat der Franz.	*(alle fünf Finger der linken Hand zeigen)*
Eines wackelt mit dem Schwanz.	*(mit dem Zeigefinger wackeln)*
Eines geht wickel wackel, das ist des Fränzchens Dackel.	*(mit dem Daumen hin und her wackeln)*
Das ist der Spitz, der brave, der hütet ihm die Schafe.	*(mit dem Zeigefinger wackeln)* *(leise bellen und/oder blöken)*
Eines hält in dunkler Nacht auf Fränzchens Hofe die Wacht.	*(mit dem Mittelfinger wackeln)* *(leise knurren)*
Und eines, das liebe Kleine, führt Fränzchen an der Leine.	*(mit Daumen und Zeigefinger der rechten Hand den kleinen Finger der linken Hand spazieren führen)*

Der ist ins Wasser gefallen

Der ist ins Wasser gefallen.	*(mit rechter Hand linken Daumen schütteln)*
Der hat ihn herausgezogen.	*(linken Zeigefinger schütteln)*
Der hat ihn nach Hause getragen.	*(Mittelfinger schütteln)*
Der hat ihn ins Bett gelegt.	*(Ringfinger schütteln)*
Und der Kleinste hat ihn aufgeweckt.	*(kleinen Finger kurz schütteln und mit der anderen Hand die Handinnenfläche kitzeln)*

Im Vogelnest

Fünf Finger, die schlafen ganz fest, wie Vogelkinder in ihrem Nest.	*(mit der linken Hand eine Schale bilden)*
Da scheint die Sonne vom Himmel herab,	*(Finger der rechten Hand zur Sonne spreizen)*
da ist der kleine Dicke davon aufgewacht.	*(rechte Hand als Faust in das Nest legen)*
Er reckt sich und streckt sich und ruft erfreut: „Guten Morgen, liebe Sonne, warm ist es heut."	*(Zeigefinger und Daumen der rechten Hand wie ein Schnabel auf- und zumachen)*
Er klopft dem Zweiten auf die Schulter sacht, da ist auch der Zweite aufgewacht.	*(mit dem Daumen Mittelfinger antippen)*
Er reckt und streckt sich und ruft erfreut:	*(mit Zeigefinger und Daumen zappeln)*
„Guten Morgen, liebe Sonne, warm ist es heut."	*(mit dem Daumen erst Zeigefinger, dann Mittelfinger berühren)*
Da haben die beiden gekichert und gelacht,	*(Finger zappeln lassen und dabei lachen)*
davon sind die anderen aufgewacht.	*(alle Finger berühren sich gegenseitig)*
Nun recken und strecken sie sich und rufen laut:	*(Finger mehrmals strecken)*
„Guten morgen, liebe Sonne, warm ist es heut."	*(mit jedem Finger nacheinander auf den Daumen tippen)*

Gartenbäume

Fünf Bäume stehen in unserem Garten,	*(alle fünf Finger senkrecht ausstrecken)*
die will ich gießen und fleißig warten,	*(Finger hin und her wiegen)*
damit ich im Herbst, an warmen Tagen,	*(Finger leicht bewegen)*
recht viele Früchte kann ernten und tragen.	*(jeden Finger abknicken)*
Der Dickste, der Daumen,	*(Daumen zeigen)*
der trägt leuchtend, blaue Pflaumen.	*(Daumen rhythmisch bewegen)*
Der Zeigefinger Birnen süß und fein	*(Zeigefinger zeigen)*
für Buben und Mädchen, ob groß oder klein.	*(Zeigefinger rhythmisch bewegen)*
Der Mittelfinger ist mein Apfelbaum.	*(Mittelfinger zeigen)*
Seine Äpfel sind riesig, ihr glaubt es kaum.	*(mit beiden Händen einen Apfel formen)*
Der Ringfinger ist mein Kirschenbaum.	*(Ringfinger zeigen)*
Ich schüttle ihn, sogar noch nachts im Traum.	*(mit der anderen Hand Ringfinger schütteln)*
Der kleine Finger trägt kleine Mirabellen.	*(kleinen Finger zeigen)*
Und das sind meine fünf Baumgesellen	*(alle Finger bewegen)*

Ein Gewitter zieht auf (Spiel am Tisch)

Leise fallen die ersten Tropfen.	*(mit Fingerspitzen auf den Tisch trommeln)*
Jetzt tröpfelt es fester.	*(lauter trommeln)*
Nun fallen die ersten, schweren Regentropfen.	*(laut klopfen)*
Es regnet.	*(mit ganzen Fingerflächen auf den Tisch trommeln)*
Und nun fängt es zu donnern an.	*(mit Fäusten auf den Tisch schlagen)*
Die ersten Blitze zucken über den Himmel.	*(laut in die Hände klatschen)*
Es donnert.	*(mit Fäusten auf den Tisch trommeln)*
Es blitzt.	*(in die Hände klatschen)*
Es rumst und bumst.	*(mit den Füßen trampeln)*
Das Gewitter bricht los.	*(ganz laut trampeln, klatschen, trommeln, mit Fäusten auf den Tisch schlagen ...)*
So wie das Gewitter gekommen ist,	*(leiser werden)*
verschwindet es wieder.	*(kaum hörbare Geräusche machen)*
Nun geht die Sonne wieder auf	*(mit beiden Armen die Sonne bilden)*
und trocknet alles.	*(mit Handflächen über den Tisch reiben)*

Baum-Gäste

In meinem Garten steht ein Baum,	*(linken Unterarm hochhalten)*
der hat ganz viele Äste.	*(Finger der linken Hand bewegen)*
Und jeden Tag hat mein Baum	
auch viele, liebe Gäste.	
Ein Käfer krabbelt schnell hinauf.	*(mit zwei Fingern der rechten Hand den Arm hochkrabbeln)*
Ein kleiner Spatz setzt sich obendrauf.	*(rechte Hand „fliegen" lassen, dabei zwitschern)*
Zwei Bienen summen um ihn herum.	*(mit der Hand den Baum umschwirren, summen)*
Ein Maikäfer fliegt hin mit Gebrumm.	*(mit der Faust den Baum umfliegen, brummeln)*
Eine Katze klettert flugs auf den Baum.	*(mit der rechten Hand den Arm hochklettern)*
Der Vogel fliegt weg.	*(rechte Hand wegfliegen lassen)*
Aus ist der Katzentraum.	*(miauen)*
Der Wind kommt und schüttelt die Äste.	*(linken Arm und Finger hin und her bewegen)*
Husch, und fort sind alle Gäste.	*(linken Arm ruhig halten, rechte Hand unter dem Tisch verschwinden lassen)*

Meine Familie (mit einer Hand oder beide Hände gleichzeitig)

Das ist die Mutter, lieb und gut.	*(Daumen zeigen)*
Das ist der Vater, mit frohem Mut.	*(Zeigefinger zeigen)*
Das ist der Bruder, lang und groß.	*(Mittelfinger zeigen)*
Das ist die Schwester, mit der Puppe auf dem Schoß.	*(Ringfinger zeigen)*
Das ist das kleine Kindelein.	*(den kleinen Finger zeigen)*
Und das soll meine ganze Familie sein.	

Zehn kleine Mäuschen (Spiel am Tisch mit zehn Fingern)

Zehn kleine Mäuschen rennen hin und her.	*(mit allen zehn Fingern über den Tisch laufen)*
Zehn kleinen Mäuschen fällt das gar nicht schwer.	*(alle „Mäuse" laufen zur Tischmitte, begrüßen sich in der Tischmitte)*
Zehn kleine Mäuschen laufen rund herum.	*(mit den zehn Fingern kreisförmig laufen, „Mäuse" hintereinander her springen lassen)*
Zehn kleine Mäuschen sind ja gar nicht dumm.	
Zehn kleine Mäuschen klettern auf den Baum.	*(„Maus" am Arm hochklettern lassen)*
Zehn kleine Mäuschen wollen die Welt beschau'n	*(Daumen, Ringfinger und kleiner Finger zur Mäusenase aufeinanderlegen, mit Zeige- und Mittelfinger die Ohren bilden)*
Zehn kleine Mäuschen legen sich ins Nest.	
Zehn kleine Mäuschen schlafen nun ganz fest.	*(alle zehn Finger auf den Schoß hüpfen lassen leise schnarchen)*

Fingerspiel mit zwei Händen: Steigt das Büblein auf den Baum

Steigt das Büblein auf den Baum, ei so hoch! Man sieht es kaum.
Schlüpft von Ast zu Ästchen, hüpft zum Vogelnestchen.
Ui, da lacht es! Hui, da kracht es! Plumps, da liegt es drunten.

12 Sinnesschulung: Tasten, Hören und Sehen

Tasten und Tastspiele

Für Tastübungen stellen wir Tastbilder her, auf denen die zu ertastenden Zeichen aufgeklebt werden. Ziel ist es, die Zeichen blind und so intensiv zu ertasten, dass eine Vorstellung über sie geweckt wird und sie allein über diese Vorstellung erkannt bzw. wiedererkannt werden.

Gespielt wird mit Tastpaaren, d.h. jedes Zeichen muss doppelt angefertigt werden. Für die Tastzeichen lassen sich verschiedene Materialien verwenden. Am besten sammeln die Kinder sie vorab in kleinen Dosen, z.B. in leeren Margarinebehältern.

Bereits die Herstellung der Tastbilder fördert die Kreativität der Kinder. Sie können Buchstaben oder Zahlen aufkleben, aber auch frei experimentieren und eigene Zeichen erfinden. Ihrer Fantasie sind dabei keine Grenzen gesetzt. Oftmals sind die Kinder selbst überrascht darüber, wie sich Ideen entwickeln und umsetzen lassen. Wichtig ist nur, dass jedes Tastpaar aus dem gleichen Material erstellt wird.

Herstellung der Tastbilder

Material: 2 x 12 (bei Bedarf auch mehr) Bieruntersetzer, Schere, Klebstoff, Papier, Tapetenreste

Für die Tastzeichen: Watte, Stoffreste aller Art, Fell, Schnüre, Sandpapier, Strukturtapeten; oder Naturmaterialien: Sand, Körner, Samen, Ästchen, Gras, Stroh, Reiskörner, Linsen …

Und so werden die Tastbilder gemacht:
Alle 24 Bieruntersetzer mit derselben Stoff- oder Papierart bekleben. Bei der Hälfte der Scheiben aber für die Rückseite eine andere Farbe verwenden, um sie als „Zwillingsscheiben" zu kennzeichnen. Tastzeichen mit Bleistift vorzeichnen, mit Klebstoff nachfahren und Material auf die Klebespur kleben.

Tastspiele

Grundspiel
Alle Kreise mit der z.B. roten Rückseite verdeckt auf einen Stapel legen. Die Kreise mit der z.B. blauen Kennzeichnung dagegen mit sichtbarer Tastfläche offen auslegen. Vom roten Stapel eine verdeckte Scheibe abnehmen. Das Tastzeichen blind ertasten (die Tastseite schaut nach unten) und weiterhin verdeckt auf die dazugehörige blaue Scheibe legen. Am Schluss alle blauen Scheiben umdrehen und die Tastpaare kontrollieren.

Gruppenspiel
Für das Spiel werden viele verschiedene Tastpaare hergestellt. Die Zeichen sollten vorher abgesprochen werden, um Dopplungen zu vermeiden.

Von jedem Tastpaar eine Scheibe mit der Vorderseite nach oben im Sitzkreis auslegen. Die Partner-Tastscheiben mit der Tastseite nach unten an die Kinder verteilen. Die Tastscheiben abtasten und die Partner-Tastscheibe aus der Kreismitte nehmen. Erst am Schluss kontrollieren.

Spielvarianten

Ein Kind wirft seine Tastkarte mit der Vorderseite nach oben in den Sitzkreis und spricht: „Ich bin der Samtkönig und suche meine Samtkönigin". Die anderen Kinder ertasten blind ihre Scheiben. Wer glaubt, er habe die Partnerscheibe, rollt oder wirft die Scheibe waagerecht zum „Samtkönig". Bei falscher Lösung wird die Scheibe zurückgerollt, bei richtiger Lösung stellt ein Kind die nächste Frage (z. B. „Ich bin der Wattekönig, ich suche meinen Untertan.").

Raupen legen

Die Scheiben blind abtasten. Danach verschiedene Raupen legen: Eine Raupe aus weichem Tastmaterial, eine kratzige, eine körnige Raupe, eine Raupe aus allen Ziffern, eine Raupe aus Buchstaben ... Die Kreise so anordnen, dass sich eine Scheibe mit der anderen überlappt und die Raupe sich raupenartig schlängelt. Statt einer Raupe können natürlich auch andere Figuren (Sonne, Haus usw.) gelegt werden.

Hören und Klangspiele

Herstellung der Klangdosen

Behälter: leere Filmdöschen oder Röhrchen von Brausetabletten
Für einen Spielsatz werden Döschen in zwei unterschiedlichen Farben benötigt, z. B. zehn Dosen mit einem schwarzen und zehn Dosen mit einem grauen Verschlussdeckel, um Klangpaare bilden zu können. Auf der Dosenunterseite werden zur Kontrolle paarweise Symbole aufgeklebt.

Füllmaterialien: Murmeln, Reißnägel, trockene Bohnen, Perlen, Steinchen, rohe Nudeln, Stecknadeln, kleine Münzen usw.
Die Materialien sollten unterschiedliche Geräusche erzeugen.
Das gemeinsame Sammeln von Materialien macht Spaß, fördert den Gemeinsinn, regt die Experimentierfreude und den Erfindergeist an.

Und so werden die Klangdosen gemacht:
In zwei Döschen mit unterschiedlichen Deckelfarben (oder unterschiedlicher Kennzeichnung) etwa die gleiche Menge eines Materials einfüllen. Deckel aufdrücken und beide Unterseiten mit einem Symbol kennzeichnen.

Hör- und Klangspiele

Grundspiel

Alle fertigen Dosenpaare gemischt bereitstellen. Jeder Spieler nimmt sich ein Döschen, z. B. eines mit grauem Deckel. Döschen einzeln schütteln, genau hinhören. Zweites Döschen mit schwarzem Deckel nehmen und probeschütteln. Klingen sie gleich? Wenn ja, das Dosenpaar auf die Seite stellen. Wenn nein, Döschen wieder zurückstellen.

Partnerspiel

Spieler 1 erhält alle Döschen mit schwarzem, Spieler 2 alle mit grauem Deckel. Ein Partner schüttelt eines seiner Döschen, der andere sucht hörend das Partnerdöschen. Anschließend wird kontrolliert.

Spielvariante

Klangpaare bilden und zusammenstellen. Erst nach Spielende kontrollieren. Unrichtige Paare herausstellen, neu mischen und wieder neu zusammenstellen, bis alle Klangpaare richtig erfasst wurden.

Klanghöhenspiel

Aus allen Klangdosen helle und dunkle Töne heraushören. Paare mit gleichen Klanghöhen bilden.

Tonleiterspiel

Mit den Döschen eine Klang-Tonleiter bilden. Das Spiel erfordert Ruhe, genaues Hinhören und akustische Merkfähigkeit, um vergleichen zu können.

Auf dem Bodendeckel mit Ziffern die Tonfolge kennzeichnen.

Sehen und Sehspiele

Herstellung der Materialdosen

Behälter: schwarze und durchsichtige Filmdöschen oder Marmeladengläser, Symbolaufkleber

Füllmaterialien: gefärbtes Wasserfarbenwasser, Mehl, Sand, Gries, Rosinen usw.

Und so werden die Materialdosen gemacht: Je nach Übung werden durchsichtige oder schwarze Döschen gebraucht, gleiche oder verschiedene Materialien eingefüllt. Beim Schätzspiel muss auch auf die Füllhöhe geachtet werden. Beim Füllen von Dosenpaaren Symbolaufkleber auf den Dosenboden kleben, um die Paare zu kennzeichnen.

Schätz- und Vergleichsspiele

Rasche Partnersuche
Gespielt wird mit durchsichtigen Dosenpaaren. Jedes Paar ist mit einem anderen Material gefüllt. Dosen mischen und so rasch wie möglich die Dosen mit gleichem Material (Dosenpaare) finden und zusammenstellen.

Paarspiel
Gespielt wird mit schwarzen Filmdöschen. Jeweils ein Paar beinhaltet das gleiche Füllmaterial.

Dosen mischen und übersichtlich verteilen. Von einer Dose den Deckel öffnen, den Inhalt feststellen und Dose wieder auf den Platz zurückstellen. Nun mit den anderen Dosen genauso verfahren. Dabei sollte man sich merken, welche Dose welches Material beinhaltet, um die jeweilige Partnerdose zu finden.

Schätzspiel
Gespielt wird mit durchsichtigen Dosen, die alle das gleiche Material beinhalten. Die Paardosen sind jeweils gleich hoch aufgefüllt.

Dosen mischen und nur mit den Augen abschätzen, welche Döschen die gleichen Füllhöhen anzeigen. Dabei die Dosen nicht nebeneinander stellen. Anschließend Schätzung überprüfen.

Oberbegriffe
Gespielt wird mit durchsichtigen Döschen, die alle mit verschiedenen Materialien gefüllt sind (keine Dosenpaare).

Dosen mischen. Anschließend so rasch wie möglich alle Döschen einsammeln, deren Inhalt essbar ist (Nudeln, Mehl, getrocknete Linsen), aus Metall (Reißnägel, Büroklammern, Stecknadeln) oder Naturmaterial besteht (Sand, Steinchen, Reis, kleine Kastanien, Eicheln) oder flüssig ist (gefärbtes Wasser, Wasser pur, Tee, Cola, Kakaogetränk).

Weitere Spielmöglichkeiten:

- Klangdosen auf dem Finger, Kopf, Schuh usw. balancieren, Augen schließen
- Klangdosen kullern lassen, andere Kinder in die Richtung zeigen lassen, aus der der Klang gehört wird
- sich gegenseitig ein Döschen zuwerfen und auffangen
- sich gegenseitig Klangdöschen zurollen
- Leichter oder schwerer: Dosenpaare nach dem gefühlten Gewicht suchen. Mit einer Briefwaage kontrollieren.
- Vom Leichtesten zum Schwersten: Eine Dosenreihe mit dieser Aufgabenstellung bilden
- Gegensatzpaare bilden und benennen: Dose A ist leichter als Dose B, und Dose B ist schwerer als Dose A.

Rhythmische Raumerfahrungsspiele

Bewegung und Lernen

Rhythmische Spielangebote umfassen die Bereiche Bewegung, Spiel, Musik, Singen, Kreisspiele, Tanz und Sport. Alle fein- und grobmotorischen Angebote zur Schulung der Koordinationsfähigkeit spielen eine tragende Rolle.

Kinder benötigen ein reiches Erfahrungs- und Trainingsfeld für vernetzte Bewegungsabläufe. Schon ein Kleinkind entwickelt ein Gefühl für Raumlage. Beim Krabbeln, Robben, Gehen oder Marschieren werden die Arme und Beine zur gleichen Zeit eingesetzt, die sich jeweils gegenüberliegen. Beide Gehirnhälften werden so aktiviert und zur Zusammenarbeit aufgefordert. Erst wenn dieses Zusammenspiel funktioniert, kann ein harmonischer Bewegungsablauf gelingen. Kinder, die reichlich Gelegenheit zur Bewegung haben, bilden im Gehirn mehr Verknüpfungen aus. Ihnen steht ein weitverzweigtes Straßennetz zur Verfügung, das nun alle Erfahrungen miteinander in Beziehung setzt und wie ein Spinnennetz verwebt.

Im Schulalter müssen für ein erfolgreiches Lernen unterschiedliche Gehirnregionen zusammenarbeiten. Kinder, die ein geringes Verknüpfungsnetz im Gehirn besitzen, erreichen rascher ihre Lerngrenzen. Buchstaben werden verwechselt, das Lesenlernen fällt schwer, Flüchtigkeitsfehler entstehen und die Konzentration lässt schnell nach.

Für erfolgreiches Lernen ist auch ein gut ausgebildeter Gleichgewichtssinn nötig. An diesen dockt sich Hören und Sehen an. Sind aber die entsprechenden Zentren im Gehirn nicht genügend ausgebildet, entstehen Probleme in der Raum-Lage-Wahrnehmung. Daraus folgt, dass Kinder Buchstaben nicht richtig erkennen und somit Probleme im Lesen und Schreiben entwickeln.

Eine gute Wahrnehmung ist aber bedeutend für den Sprachzugang und bereitet eine Grundlage für die Kulturtechniken Lesen, Schreiben und Rechnen.

Abhilfe bei Lernproblemen schaffen neben Bewegung deshalb auch Wahrnehmungsspiele. Lauschübungen wie Dirigentenspiele z. B. trainieren das Richtungshören und damit die auditive Wahrnehmung. Gerade beim Lesen- und Schreibenlernen kommt es nämlich auf das genaue Hören und Lauschen an, denn jeder einzelne Laut muss auditiv eindeutig erfasst werden.

Klangdosenspiele

Gruppenspiel
Dosen mit unterschiedlichem Material gefüllt (s. Kapitel 12) werden an die Kinder verteilt. Je nach Doseninhalt sollen die Kinder nun bestimmte Plätze im Raum aufsuchen, z. B.:

Alle Kinder mit den Reiskorn-Dosen setzen sich an die rechte Wandseite. Kinder mit den Nagel-Dosen gehen in die obere linke Ecke und Kinder mit Perlen-Döschen kommen in der Kreismitte zusammen …

Räumliche Begriffe festigen
Die Dose erst mit der rechten, dann mit der linken Hand schütteln, hinter dem Rücken halten und schütteln, dann über dem Kopf usw.

Dirigentenspiel
Ein Kind spielt den Dirigenten. Alle anderen sitzen grüppchenweise im Raum verteilt. Der Dirigent hat die Aufgabe, die Einsätze der Orchestermitglieder zu bestimmen und zu koordinieren. Zum Aufrufen der einzelnen Musikgruppen spricht er z. B.: „Alle Kinder an der linken Wand!" …

Später wird die Gruppe nicht mehr benannt, sondern nur per Handzeichen zum Musizieren aufgefordert.

Kleines Orchester
Der Dirigent lässt zwei oder mehrere Gruppen gemeinsam rhythmisch musizieren. Gibt er mit der Hand das Stopp-Zeichen, hört die Gruppe sofort zu spielen auf.

Solistenspiel
Der Dirigent schaut einem Musikerkind fest in die Augen oder zeigt mit der Hand auf das Kind. Es darf ein Solo spielen.

Orchesterprobe
Die ganze Gruppe spielt zusammen. Erst wenn alle Musiker miteinander den Rhythmus erfasst haben und im Gleichklang spielen, ist die Orchesterprobe beendet.

Diese Übung ist besonders schwierig, weil die Kinder aufeinander hören müssen.

Schlussspiel
Auf das Dirigentenzeichen spielt eine bestimmte Musikgruppe, auf ein Stoppzeichen hin räumt sie alle Instrumente in den Musikschrank.

Rhythmik zur Lautbildung

Einführungsspiel
Die Kinder werden aufgefordert, übertriebene Laute zu produzieren, z.B. ein herzhaftes Lachen, ein lang gezogenes „oooooh", ein kräftiges Gähnen, einen Freudenschrei, einen Schmerzlaut, ein leichtes Husten, ein Kichern, ein Stöhnen, ein Lallen, ein Prusten …

Hierbei stehen oder sitzen die Kinder einzeln oder gruppenweise im Raum. Der Dirigent fordert einzelne Kinder oder Kleingruppen dazu auf, ihre Variante darzustellen. Alle anderen Kinder ahmen die Darstellung nach.

Spielvariante
Der Dirigent verteilt Aufgaben. Alle Kinder sollen z.B. auf verschiedene Weise „oooh" sagen: die Kinder in der Mitte des Raumes sollen es leise flüstern, die Kinder an der linken Wand rufen es empört aus, während die Kinder an der rechten Wand einen traurigen Ton anschlagen.

Orchesterspiel
Ein ganzes Orchester soll nun das „oooh" aussprechen: von sehr leise bis sehr laut, von traurig bis lustig.

Empfindungslaute
Empfindungen wie Wohlgeschmack, Ekel, Angst, Freude, Schreck sollen in Laute ausgedrückt werden, z.B. das Wort *lachen*: Erst verhalten und leise kichern, dann leise prusten, glucksen, lauter lachen, ansteckend lachen, immer mehr lachen, bis am Schluss alle Teilnehmer sich vor Lachen den Bauch halten. Begleitet werden die Laute durch entsprechende Gestik und Mimik.

Sprach-Pantomime
Sprache pantomimisch darstellen: *lecker, schmeckt prima, duftet lecker, will ich haben, will noch mehr davon …*
Gestik und Mimik kann dabei z.B. sein: mit der Zunge über die Lippen lecken, Bauch reiben, Augen genüsslich verdrehen usw.

Tierische Spiele

Alle Tiere auf ihre Plätze
Alle Kinder verwandeln sich in Tiere und suchen sich im Raum einen Platz: Alle Katzen sitzen auf der Langbank, alle Schlangen wohnen darunter, alle Hunde hocken im Kasten, alle Affen klettern auf die Sprossenwand, alle Lämmchen verstecken sich unter dem Schwungtuch …

Tierstimmen imitieren
Die Tiere geben Laut: wimmernde Kätzchen, winselnde Hunde, ein Lämmchen, das seine Mutter sucht, summende Bienen, brummelnde Käfer, piepsende Vogelkinder, hungrige Löwen, zischende Schlangen …

Tierkonzert
Hund bellen unterschiedlich: kleine Hunde, große Hunde, junge, alte usw.

Tierstimmenquiz
Tierlaute stimmungsvoll vormachen: ängstlich miauen, wütend bellen usw.

Wie klang es? Ein Kind macht es vor, die Gruppe ahmt die Tierstimmen nach.

Geräusche imitieren
Wer kann Geräusche und Bewegung eines ratternden Zuges, eines tickenden Weckers, einer rufenden Entenmutter, eines zwitschernden Vogels, eines brummenden Bären nachmachen?

Die Züge rattern laut oder leise durch die Nacht, Schnellzüge begegnen sich, Züge überholen sich. Dabei kann jedes Kind als Lokomotive alleine unterwegs sein oder mehrere Kinder hängen sich zu einem Zug aneinander. Dann müssen die Zugkinder rücksichtsvoll den Raum erfahren und keinen Waggon verlieren.

Entenmütter rufen mit unterschiedlichen Lauten ihre Kinder zu sich. Vögel zwitschern in allen Tonlagen und Lautstärken und können sich zu Paaren finden, Bären brummeln und treffen sich zum gemütlichen Bärentanz.

Mundspiele

Räumliche Begriffe mit der Zunge erleben
Die Zunge zeigt nach *oben*, nach *unten*, schaut aus dem *rechten* oder *linken* Mundwinkel hervor, berührt *über* sich die Nase usw.

Zungenspiele
Zunge wie ein durstiger Hund weit heraushängen lassen, mit der Zunge Tropfen aus dem Wasserhahn auffangen, mit der Zunge schnalzen. Zunge besucht Nasenspitze.

Blubberspiele
Den Mund zum Fischmaul spitzen und blubbern, wie ein Fisch mit dem Mund nach einem Wurm schnappen, verschiedene Fischmäuler ausprobieren: den Mund weit öffnen, mit den Lippen Konsonanten formen: w – f – b – p – m – n, dabei den Laut einmal nur stumm bilden, dann leise intonieren.

Mundmotorik
Die Kuh bewegt sich beim Gras fressen durch den Raum, geht in die Mitte, an den Wiesenrand (zur Wand), geht von Tamburinklängen begleitet mal langsam, mal schnell und bleibt auf Zuruf stehen. Jetzt grasen alle Kühe in der Mitte ihrer saftigen Weide, langsam gehen sie an den Rand ihrer Wiese, denn dort wachsen leckere Kräuter. Nun treffen sie sich am oberen Wiesenrand zu einem kleinen Schwatz, ehe sie zum unteren Rand gehen, um dort am kühlen Bach ihren Durst zu löschen. Satt und zufrieden suchen sie sich nun ein Plätzchen für den Mittagsschlaf.

Kieferspiele
Kaubewegungen imitieren, Kiefer rund kreisen lassen wie eine Kuh, die gerade Gras frisst, mit großen Mund- und Kieferbewegungen *Zwei Chinesen mit dem Kontrabass* und *Alle meine Entchen* singen, dann mit anderen Lauten singen.

ei – au – i – ü – o – ä – e:
Zwä Chänäsen mät däm... Zwü Chünüsen ...
Illi mini Intchin ...

Atmen und riechen

Atem spüren
Die Kinder laufen, hüpfen, rennen, krabbeln bis sie außer Atem sind. Alle legen sich auf den Rücken mit den Händen flach auf dem Bauch und spüren die Atmung.

Anschließend auf die rechte Seite legen, Hände unter den Kopf schieben, dann unter den Po, Arme nach oben in die Luft strecken, rechtes Bein heben, am linken Ohr zupfen.

Atemübung
Auf den Rücken legen, Hände locker auf der Bauchdecke ruhen lassen. Nun laut einatmen, Atem kurz anhalten und wieder laut mit dem Mund ausatmen.

Das Atemspiel wiederholen, dabei durch den Mund einatmen und über die Nase ausatmen.

Riechstationen
Im Raum sind an unterschiedlichen Plätzen duftende Materialien deponiert. Die Kinder schnuppern an den Staionen, merken sich, wo sie etwas erschnuppert haben und können dann wie die Bienen alle anderen Kinder zu ihrem Riechfutter lotsen: *In der linken Ecke an der oberen Hallenwand hat es nach Erdbeeren gerochen, neben der*

Tür duftete es nach Honig, hinter der Kiste habe ich eine Seife entdeckt.

Blindfisch
Die Stationen erst sehend entdecken, dann mit geschlossenen Augen wiederfinden. Ein zweites Kind kann als Blindenführer sprachlich begleiten: „Geh gerade aus, jetzt rechts, steig über die Bauklötze."

Riechspiel
Die Kinder verbinden ihre Augen (oder schließen sie einfach). Nun darf jedes Kind an einem Dufttaschentuch riechen. Was war das für ein Geruch? Die Kinder öffnen ihre Augen und berichten.

Nasenrätsel
Jeweils eine Papiertaschentuch-Lage wird mit einem Duft getränkt bzw. eingerieben. Dabei sollten kontrastreiche Düfte wie Parfüm und Zwiebel angeboten werden.

Alle Kinder sitzen in einem engen Kreis. Zwei bis drei unterschiedliche Dufttaschentücher werden beschnuppert. Bei unangenehmen Gerüchen (Zwiebel, Essig) darf man nur kurz schnuppern, angenehme Düfte können dagegen genussvoll „eingesaugt" werden.

Bienenschwarm
Dufttaschentücher werden im Raum verteilt. Alle Kinder schwärmen als Bienen aus, schnuppern an den Fundstellen und merken sich den Geruch. Auf ein Zeichen bleiben alle stehen. Der Spielleiter fragt: „Wo habt ihr den Honig geschnuppert?" Die Kinder zeigen mit der Hand in die entsprechende Richtung und benennen den Ort: *auf dem Tisch an der Wand, neben dem Stuhl in der Mitte, vor der Tür, hinter der Bank.*

Pustespiele mit dem Taschentuch
Die Kinder liegen auf dem Rücken. Über ihr Gesicht wird eine Papiertaschentuch-Lage gelegt.
- Wer kann es so vorsichtig hochpusten, dass es anschließend wieder auf das Gesicht zurückschwebt?
- Wer kann das Taschentuch über dem Gesicht schweben lassen (lange und langsam pusten wie ein Luftballon, dem langsam die Luft entweicht)?
- Wer kann das Taschentuch auf die Handfläche legen und ganz weit weg pusten?
- Wer kann das Taschentuch vor sich hinlegen und mit dem Mund ansaugen?

Spiele mit japanischen Papierbällen
Den Ball aufpusten, über den Boden rollen lassen, wegpusten, hochwerfen, in die Luft patschen (der Ball wird automatisch wieder rund).
- Wer bläst den Ball am schnellsten zur Kreismitte?
- Wer bläst den Ball auf einer Linie entlang (Hallenlinie oder Kreidestrich)?
- Wer pustet den Ball im Slalom?

Tütenblasen
Alle Kinder gehen im Raum spazieren und blasen dabei Butterbrottüten auf. Ein Mitspieler bestimmt, wo im Raum welche Tüte platzen soll: *in der Raummitte, hinter der Lehrerin, auf dem Boden.*

Saugspiele
Ansaugspiel: Einen Joghurtbecher an den Mund drücken, die darin befindliche Luft heraussaugen (aufessen) und die Luft wieder hineinblasen.

Vakuumspiel: Becher dicht an den Mund drücken, Luft heraussaugen, Atem kurz anhalten und Hände wegnehmen. Der Becher bleibt am Mund kleben.

Spiele mit dem Luftballon

Material: Luftballons in verschiedenen Farben, kleine Aufkleber, Schnur oder Wollreste

Symbole suchen
Jedes Kind bekommt auf seinen rechten Handrücken und seinen Luftballon das gleiche Symbol aufgeklebt.
Alle Luftballons liegen im Raum verstreut oder in der der Raummitte. Jedes Kind sucht seinen Ballon, danach treffen sich alle Kinder zum Sitzkreis in der Hallenmitte.

Tauschspiel
„Ich habe einen lila Luftballon, wer gibt mir seinen rosa Ballon?"
Die gewünschten Ballons auf eine bestimmte Art transportieren lassen: In die Luft pusten, auf den Ballon schlagen, zwischen die Knie stecken und transportieren. Zwei Kinder transportieren den Ballon, indem sie ihn zwischen ihre Bäuche klemmen.

Farbspiel

Die Kinder sitzen mit unterschiedlich farbigen Ballons im Raum verteilt. Der Spielleiter nennt eine Farbe und sagt dazu, was die entsprechenden Kinder mit ihrem Ballon machen sollen. Alle Kinder mit einem gelben Ballon stehen z. B. auf und balancieren ihn von einer Hand zur anderen. Alle, die einen grünen Ballon haben, werfen ihn in die Luft, alle Kinder mit einem rosa Ballon hüpfen darüber.

Jede Farbe erhält eine andere Aufgabe. Um den Schwierigkeitsgrad zu steigern, wechseln die Farben und Aufgaben immer schneller.

Weitere Aufgaben können sein: Ballon hochwerfen, auffangen, in die Luft patschen, Ballon mit dem Knie, dem Ellbogen, der Handfläche, dem Daumen, dem Po, dem Kopf usw. in die Luft stoßen.

Schlangenspiel

Zunächst werden alle Ballons auf dem Boden verteilt. Die Kinder schlängen sich zwischen ihnen hindurch. Dabei darf kein Luftballon platzen.

Nasenspiel

Die Kinder schubsen ihre Ballons mit der Nase durch den Raum und achten darauf, dass sie mit niemandem zusammenstoßen.

Balance-Spiel

Der Luftballon wird mit dem linken, dann mit dem rechten Fuß und anschließend mit einer Hand vorsichtig durch den Raum gerollt. Danach wird er auf den Kopf gelegt und mit einer Hand festgehalten. Mit den Luftballons auf ihren Köpfen balancieren die Kinder auf einem Seil oder auf einer Bank.

Weitschießen

Eine Linie wird markiert. Alle Kinder stellen sich nebeneinander auf. Wer kann den Ball über die Ziellinie vorsichtig schlagen, werfen, kicken?

Tiere spielen

Känguru: Der Ballon wird zwischen die Knie geklemmt. Die Kinder hüpfen mit ihm, ohne ihn zu verlieren.
Frosch: Der Luftballon wird auf den Boden gelegt. Die Kinder hüpfen mit allen Vieren wie ein Frosch darüber.

Gruppenspiel

Ein Luftballon wird über einen festgelegten Zeitraum von allen Spielern immer in der Luft gehalten. Dabei dürfen alle Körperteile aktiv mitspielen: Hand, Kopf, Nase, Fuß, Po. Im Partner- oder Kleingruppenspiel können die Kinder auch gegeneinander antreten.

Schlussspiel

Alle Ballons werden gegen die Hallenwand geworfen und aufgefangen. Am Schluss darf jedes Kind eine Schnur an seinem Ballon festmachen und ihn mit nach Hause nehmen.

Rhythmik mit und ohne Taktvorgabe

Bei den Übungen kann zur Taktvorgabe ein Tamburin oder ein anderes Instrument eingesetzt werden.

Im Takt gehen

- gleichmäßiges Taktgehen im Raum: langsam, schnell, mit leisen und lauten Schritten usw.
- zum Klang gehen und dabei in die Hände klatschen oder winken, mit den Füßen stampfen, trampeln usw.

Wurm und Trampeltier

- bei Kratzen mit den Fingernägeln auf dem Rhythmusinstrument wie ein Wurm kriechen
- bei lautem Schlagen auf dem Instrument wie ein Trampeltier trampeln und stampfen
- Wechselspiel: Wurm und Trampeltier begegnen sich: laut stampfen oder leise kriechen

In die Hände klatschen

- in die eigenen und in die Partnerhände klatschen
- Arme überkreuzen und auf die Partnerhände schlagen

Rechts und links

- Nach vorgegebenem Takt, später nach eigenem Rhythmus rechte Hand auf die rechte, linke Hand auf die linke Bodenseite schlagen, dabei sprechen: *rechts – links, rechts – links*
- auf den Boden patschen, klopfen, trampeln, dann in die Luft nach oben und nach vorne klatschen, dabei sprechen: *rechts – links – oben, rechts – links – oben – vorne*
- in vorgegebener Reihenfolge schlagen und klatschen: *rechts – links – oben – unten – vorne – hinten – Nase – Po*

Bremswegspiel
- Die Kinder laufen durch den Raum. Auf ein Tamburinzeichen hin bleiben sie sofort stehen. Wie lange ist der Bremsweg?
- Die Kinder rennen auf einen Kreidestrich zu. Wer kann rechtzeitig vor der Linie anhalten?
- Die Kinder rennen und schreien. Auf ein Zeichen bleiben sie sofort mucksmäuschenstill stehen.

Hampelmann
Arme und Beine im Wechsel benutzen: Beine grätschen und schließen, Arme in die Luft strecken und über dem Kopf klatschen. Immer im Takt bleiben. Zuerst ganz langsam hampeln (Koordination einstimmen), dann immer schneller, bis das „Hampelmann-Chaos" ausbricht.

Schimpfwörter-Spiel
Was sonst verboten ist, soll nun lauthals gerufen werden: Schimpfwörter werden so laut geschrien, wie man kann. Unterstrichen und begleitet werden die Wörter durch einen Klatsch-Sprech-Rhythmus. Auf ein Zeichen werden sie so leise geflüstert, wie man kann.

Schlussspiel
Alle Kinder liegen auf dem Bauch oder auf dem Rücken. Der Spielleiter flüstert einen Kindernamen. Das genannte Kind steht leise auf und geht in den Umkleideraum. Das Spiel dauert so lange, bis alle Kinder die Halle verlassen haben.

Rhythmik-Spiele mit dem Tennisring

Transporterspiele
Die Kinder experimentieren, wie der Ring getragen werden könnte. Jedes Kind zeigt dazu eine möglichst ungewöhnliche Lösung, und alle oder der Partner machen diese nach.

Raumerfahrung
Vorwärts, seitwärts, rückwärts gehen, laufen, hüpfen, auf der Fußaußen- und Fußinnenkante, auf der Ferse, auf den Zehenspitzen gehen. Kein anderes Kind darf dabei angerempelt werden. Die Kinder tragen bei der Übung den Ring nach eigenen Vorstellungen auf dem Kopf, auf der Hand, auf dem Rücken und achten darauf, ihn nicht zu verlieren.

Kreis bilden
Der Spielleiter stellt sich irgendwo in den Raum, die Kinder dürfen ihm nicht folgen. Wenn er die Augen schließt, schleichen sich alle Kinder zu ihm und legen mit den Tennisringen einen Kreis um ihn herum. Ist der Kreis rund und geschlossen, dürfen sie laut schreien. Daraufhin erwacht der Spielleiter erschrocken aus seinem Vormittagsschläfchen.

Bremswegspiel
Der Spielleiter schläft schon wieder. Alle Kinder rennen los. Dabei rollen oder schubsen sie ihren Tennisring. Unmittelbar vor dem Spielleiter bremsen sie ab, ohne ihn zu berühren oder umzuwerfen.

Rattenfänger-Spiel
Der Spielleiter spielt auf dem Tamburin und geht voraus. Alle Kinder folgen ihm durch den Raum: geradeaus, in Kurven, in Zacken, als Schlange oder Spirale. Dabei tragen sie ihren Tennisring auf dem Kopf oder unter dem Kinn, klatschen mit den Händen in die Luft, halten sich an den Schultern des Vordermannes fest und reichen ihm schließlich ihren Tennisring, sodass am Ende alle Kinder den Tennisring ihres Hintermannes in der Hand halten.

Packeselchen
Ein Kind ist das Eselchen. Alle anderen Kinder dürfen es vorsichtig mit ihren Ringen bewerfen oder die Ringe zu ihm rollen. Wie viele Ringe bleiben am Schluss dicht beim Eselchen liegen oder liegen sogar auf seinem Rücken?

Ich trag meinen Ring

Neue Verse dichten und spielen:
Ich werfe meinen Ring mit einer Hand und gehe dabei …
Ich schiebe meinen Ring mit einem Fuß …
Ich halte meinen Ring zwischen meinen Knien und hüpfe dabei …
Ich stoße meinen Ring mit meiner Nase und krieche auf …
Ich stupse meinen Ring mit meinem Daumen …
Ich werfe meinen Ring in die Höhe und hüpfe …

Ringe stehlen
Alle Ringe liegen auf dem Boden. Der Spielleiter nimmt einen Ring weg. Alle Kinder laufen, schleichen, robben usw. durch den Raum. Auf ein Zeichen rennen sie los und versuchen, einen Ring zu schnappen. Wer einen erwischt, darf sich auf die Seite setzen. Spannend wird es zum Schluss, wenn zwei Kinder um den letzten Ring „kämpfen".

Spiele mit Kieselsteinen

Steinmusik
- Wörter sprechen, z. B. die Kindernamen oder kurze Sätze. Jedes Wort rhythmisch mit einem Stein-Schlag begleiten.
- Wörter in Silben sprechen, jede Silbe mit einem Stein-Schlag untermalen
- mit dem Stein in der Hand auf den Boden schlagen, dann auf den Tisch klopfen
- Vorsichtig gegen die Wand, gegen Holzteile, Metallteile klopfen.
- zu einer vorgesprochenen Zeile eine beliebige Stein-Melodie erfinden *(Schön, dass du da bist – Geht es dir gut? – Ich mag dich – Guten Morgen)* oder ein Gedicht sprechen

Steingedicht
Jedes Kind erhält einen oder zwei Steine und spricht dazu das folgende Steingedicht. Anschließend kann gemeinsam ein Lied gesungen werden, wobei die Steine wieder rhythmisch einzusetzen sind.

Ich halte in meiner Hand einen Stein.
Er kann klopfen, er kann flüstern,
er sagt uns allen „Guten Morgen".
Ich halte in meiner Hand einen Stein.
Er kann klopfen, er kann pochen,
er kann fallen und in die Höhe fliegen.
Ich halte in meinen Händen zwei Steine.
Sie können ein Lied begleiten.

Vom Berg zum Stein
Eine Zeile wird vorgesprochen, ein Kind klopft eine Melodie und alle klopfen sie nach.
Die Steinmusik kann mit einem Tonaufnahmegerät aufgezeichnet werden.

Es war einmal vor langer Zeit,
Felsen, so weit das Auge reicht.
Regen, Sonne, Sturm, Schnee und Wind
zerbrachen die Berge und Felsen geschwind.
Es war einmal vor langer Zeit,
Felsblöcke, so weit das Auge reicht.
Regen, Sonne, Sturm, Schnee und Wind
zerbrachen die Steinblöcke geschwind.
Es war einmal vor langer Zeit,
Steinblöcke, so weit das Auge reicht.
Der Fluss, der Wasserfall und der Bach
wuschen und schmirgelten sie rund und glatt.
Es war einmal vor langer Zeit,
große Steine nahm der Fluss mit ganz weit.
Er zerbrach sie in viele kleine Stücke,
zu Kieselsteinen, wie hier in unserer Mitte.
Es war einmal vor langer Zeit,
da gingen wir am Bach spazieren, gar nicht weit.
Wir sammelten diese Steine.
Komm her und sieh,
nun spielen wir damit diese kleine Melodie.

14 Kommentare zu den Arbeitsblättern

Wozu Arbeitsblätter?

Um die Entwicklung der Feinmotorik noch intensiver zu unterstützen, können Arbeitsblätter mit entsprechenden Aufgaben (Kopiervorlagen 9–18) eingesetzt werden. Mithilfe dieser motivierenden Arbeitsblättern werden darüber hinaus Aufgabenverständnis, Konzentration und Mitmachfreude gefördert. Wichtig ist, dass die Kinder ihr Blatt kontrollieren, bevor sie es abgeben. Jedes Kind schaut, ob es alle Aufgaben vollständig bearbeitet hat, und überlegt, ob die von ihm gefundene Lösung richtig sein könnte. Es kontrolliert auch noch einmal, ob es die Aufgabe überhaupt richtig verstanden und so umgesetzt hat, wie sie ihm mündlich aufgetragen wurde. Wenn es z. B. in der Aufgabenstellung hieß „Nimm einen roten Farbstift ...", schaut das Kind am Ende nach, ob es tatsächlich mit roter Farbe gearbeitet hat.

Arbeitsblätter dienen der Lernzielkontrolle. Sie überprüfen, ob die Kinder das bisher Gelernte und Geübte verstanden haben und auf dem Papier umsetzen können.

In der Regel wird für die Bearbeitung nur eine kurze Zeitspanne benötigt. Das Kind erfährt sein Ergebnis umgehend; es muss also nicht warten, wie bei einer Klassenarbeit oder einem Test.

Kinder, die kurz vor der Einschulung stehen oder bereits die Eingangsstufe der Schule besuchen, gehen erfahrungsgemäß mit Spaß an Arbeitsblätter heran. Voraussetzung ist, dass die Blätter kindgemäß gestaltet sind und die Kreativität der Kinder anspornen. Sie sollten das Kind neugierig machen und von ihm auch lustvoll und fantasiereich bearbeitet werden können.

Dabei muss es sich nicht unbedingt um professionell hergestellte Arbeitsblätter handeln. Ich fordere die Kinder immer wieder auf, eigene Arbeitsblätter zu erfinden und zu gestalten. Die Kinder machen Entwürfe, wir besprechen diese gemeinsam und setzen sie zu einem neuen Arbeitsblatt zusammen. Umgekehrt fordern die Kinder auch mich immer wieder auf, wenn sie eine Idee haben. „Mal doch mal ein Arbeitsblatt, wo ein Gespenst Zahlen suchen muss", heißt es dann zum Beispiel.

Bei der Gestaltung von Arbeitsblättern, ob von den Kindern selbst oder der Erzieherin vorgenommen, sollten die Kinder animiert werden, eigene Ideen und Vorstellungen aus dem praktischen Unterricht heraus zu entwickeln. Dabei gestalten und erfinden gerade Kinder besonders reizvolle Aufgaben. Diese sind lebendiger, ansprechender und nicht so steril wie Computerblätter. Vor allem erhält jede Aufgabe ihr eigenes, einmaliges und unverwechselbares Design.

Der Umgang mit Arbeitsblättern sollte autonomes Lernen fördern. Wichtig ist es daher, dass die Kinder jederzeit Zugang zu Arbeitsblättern erhalten. Sie lernen zunehmend, ihre Fähigkeiten selbst einzuschätzen und wählen sich für die Freiarbeit dementsprechend ihre Aufgaben aus. Sie versuchen die Aufgabenstellung selbst herauszufinden oder helfen sich gegenseitig.

Knifflige Aufgaben können zunächst im Team angegangen werden, danach werden sie mutig allein gelöst. Wird ein Arbeitsblatt fehlerhaft bearbeitet, sollte die Lehrkraft mit dem Kind seine Lösungen besprechen. Wenn das Kind erklärt, mit welcher Strategie es zu dieser oder jener Lösung gelangt ist, erfährt der Pädagoge vieles über die Denkweise des Kindes. Nur so kann er gezielt helfend und erklärend eingreifen.

Die Arbeitsblätter sollten von jedem Kind in einer Mappe abgeheftet werden. Das Kind erhält auf diese Weise sein persönliches Arbeitsbuch, in dem es immer wieder blättern kann. Beim Zurückblättern erfährt es, welche Fortschritte es schon gemacht hat.

Bei der Bearbeitung der folgenden Blätter sollen die Kinder so vorgehen:
Die mündliche Arbeitsanweisung verstehen, merken und umsetzen.

Die Lehrkraft sollte außerdem darauf achten, dass die Kinder genau arbeiten und ein Bild wirklich vollständig ausmalen.

Kopiervorlage 9: Musterballone gestalten

Lernziel: Feinmotorik trainieren, Kreativität anregen

Aufgabenstellung: Nimm unterschiedliche Farben und gestalte die Ballons weiter. Achte auf die richtigen Formen. Male am Schluss alles bunt aus.

Kopiervorlage 10: Endlos-Linien-Musterfisch

Lernziel: Feinmotorik trainieren, Kreativität anregen

Aufgabenstellung: Denke dir eigene Linien aus oder wähle deine Lieblingslinien aus dem Bilderrahmen. Gestalte mit den Linien deinen Wunderfisch.

Kopiervorlage 11: Zwillingsbruder suchen

Lernziel: Gleiches von Ähnlichem unterscheiden

Aufgabenstellung: Wo hat sich in jeder Reihe der Zwillingsbruder versteckt? Male die Geschwister gleich an.

Kopiervorlage 12: Das Regenwurm-Kind sucht seine Mama

Lernziel: Gleiches von Ähnlichem unterscheiden

Aufgabenstellung: Verbinde Mutter und Kind mit einer Linie. Male Mutter und Kind gleich an.

Kopiervorlage 13: Alle meine Fische

Lernziel: Figur-Grund-Wahrnehmung

Aufgabenstellung: Suche die 9 versteckten Fische und male sie bunt an. Du darfst auch das Meerwasser ausmalen.

Kopiervorlage 14: Zwillingsblüten entdecken

Lernziel: Figur-Grund-Wahrnehmung, Umrisse erkennen

Aufgabenstellung: Verbinde Blüte und ihr Schattenbild mit einer Linie. Male danach jede Blüte mit einer anderen Farbe an.

Kopiervorlage 15: Fantastische Wolkentiere

Lernziel: Figur-Grund-Wahrnehmung, Raumlage trainieren

Aufgabenstellung: 13 Wolkentiere haben sich an den Himmel geschmuggelt. Suche sie und male sie aus.

Lösung: Schnecke, Ente, Katze, Hund, Fisch, Maus, Igel, Giraffe, Hase, Vogel, Wal, Elefant, Pferd

Kopiervorlage 16: Geheimzahlen suchen

Lernziel: Figur-Grund-Wahrnehmung, Raumlage trainieren

Aufgabenstellung: Suche in den Regenwurmgängen die Zahlen 1–10. Male jede Zahl mit einer anderen Farbe an.
Möchtest du auch noch die Regenwürmer bunt gestalten und die Gänge ausmalen?

Kopiervorlage 17: Sternbilder übertragen

Lernziel: Raumlage trainieren

Aufgabenstellung: Verbinde die Punkte zu einem Sternbild.

Kopiervorlage 18: Was passt nicht?

Lernziel: Zusammengehörigkeit entdecken

Aufgabenstellung: Male nur die Dinge bunt aus, die in die Reihe gehören. Achte darauf, dass du genau ausmalst.

Kopiervorlage 9: Musterballone gestalten – Arbeitsblatt

Kopiervorlage 10: Endlos-Linien-Musterfisch – Arbeitsblatt

Kopiervorlage 11: Zwillingsbruder suchen – Arbeitsblatt

Kopiervorlage 12: Das Regenwurm-Kind sucht seine Mama – Arbeitsblatt

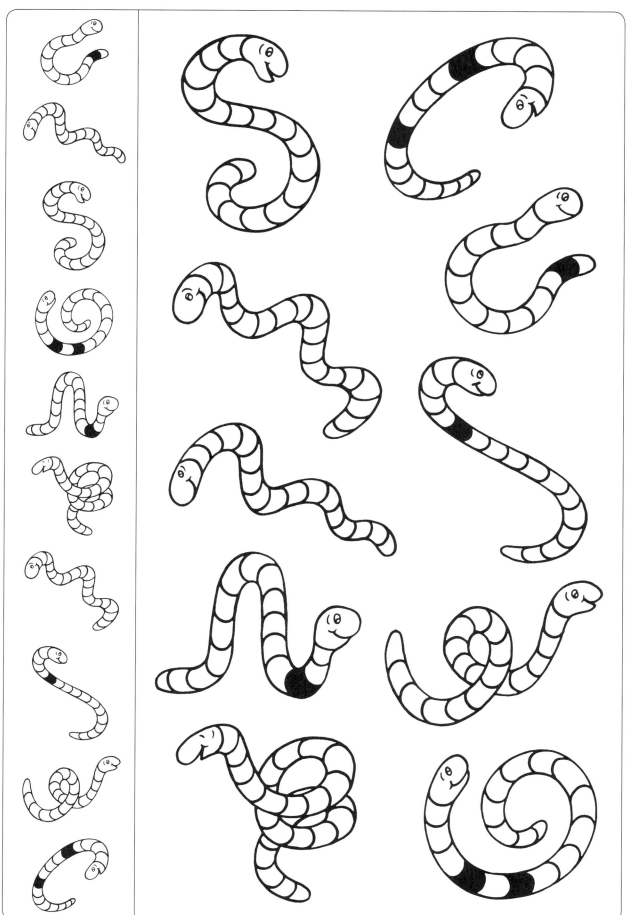

Kopiervorlage 13: Alle meine Fische – Arbeitsblatt

Kopiervorlage 14: Zwillingsblüten entdecken – Arbeitsblatt

Kopiervorlage 15: Fantastische Wolkentiere – Arbeitsblatt

Kopiervorlage 16: Geheimzahlen suchen – Arbeitsblatt

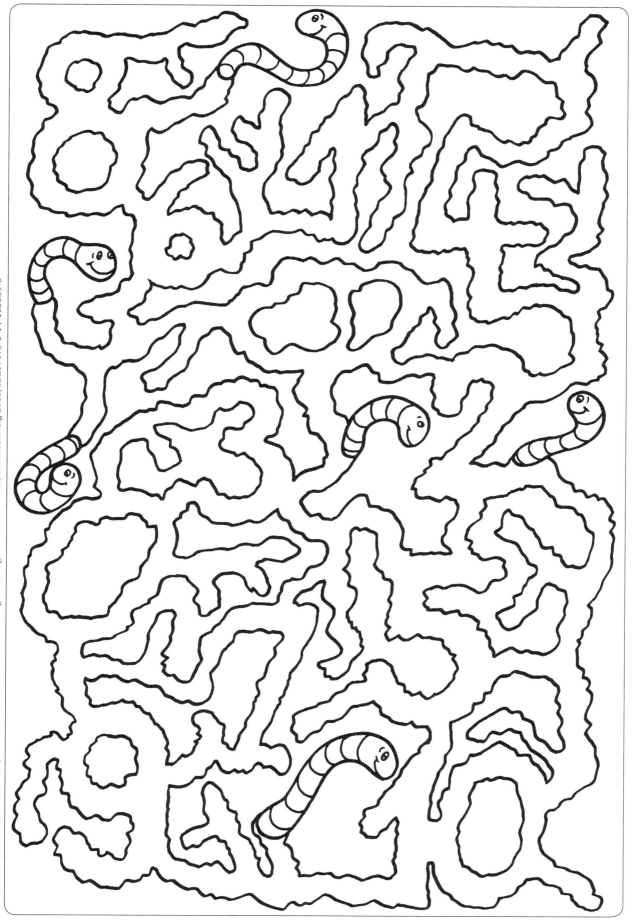

Kopiervorlage 17: Sternbilder übertragen – Arbeitsblatt

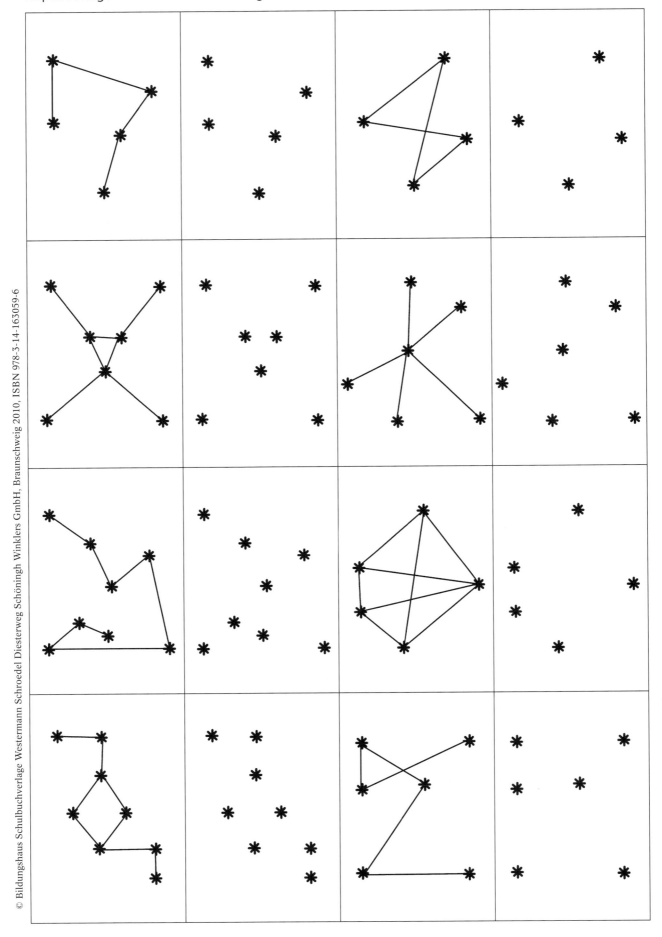

Kopiervorlage 18: Was passt nicht? – Arbeitsblatt

15 Märchenhafte Schwungübungen – eine Unterrichtseinheit

Zur Vorgehensweise

Die von mir vorgeschlagenen Schwungübungen sind mit dem Märchen Hänsel und Gretel verknüpft. Die Übungen wurden im Laufe vieler Jahre mit meinen Kindergruppen entwickelt, aufgebaut, immer wieder korrigiert oder verändert.

Vor der Unterrichtseinheit muss geklärt werden, inwieweit den Kindern das Märchen der Gebrüder Grimm vertraut ist. Es sollte noch einmal erzählt werden.

Als Arbeitsmaterial erhält jedes Kind ein Schwungübungsheft (unliniertes Doppelheft, DIN-A4-Format). Der richtige Umgang mit einem Heft sollte bereits geübt sein. Die Kinder sollten auch unterschiedliche Schreibmaterialien kennen und ihre Farbstifte selbst spitzen können.

Die Schwungübungen zu den einzelnen Märchenabschnitten sind jeweils aufgeteilt in Körpererfahrung, Schwungübungen in der Luft, Tafelaufgabe und Heftaufgabe.

Die Vorübungen zum eigentlichen Schreibvorgang (Körpererfahrung, Luftschwünge und Tafelaufgabe) dauern etwa 15 Minuten. Für die ersten Heftseiten wird jeweils ein Zeitfenster von 10 Minuten vereinbart. Die Kinder bewältigen die Aufgabe in der Regel rasch und „überholen" den gestellten Wecker. Das gibt ihnen Sicherheit und das Gefühl, dass schreiben lernen ja gar nicht so schwer sein kann. Natürlich dürfen die Kinder bei Bedarf auch länger schreiben, bis die Seite voll ist. Im Laufe der folgenden Wochen entscheiden sie selbst über ihre Schreibdauer.

Warum Übungen zur Körpererfahrung?

Rhythmisch-psychomotorische Bewegungsabläufe zu Schwungübungen erfordern Gefühl, Konzentration, Ausdauer, Disziplin und Motivation. Sie lockern die Muskulatur, vertiefen die Atmung und machen Spaß.

Große, offene Bewegungen fordern das Kind auf, den Raum auszufüllen, zu erobern und zu empfinden. Der eigene Körper wird dabei bewusst eingesetzt, wahrgenommen, erlebt.

Die Kinder trainieren ihre Sprachfähigkeiten, wenn sie Laute oder Reime zu den rhythmischen Bewegungen sprechen. Sprache und Bewegungsgefühl werden koordiniert, der Redefluss wird deutlicher, bewusster und weicher. Sprech- und Sprachprobleme werden korrigiert. Bewusst sollten Laute eingebunden werden, die den Kindern noch Schwierigkeiten bereiten.

Das Nachzeichnen und Nachfahren von Symbolen, Formen und Schwüngen erlebt das Kind ganzheitlich mit allen Sinnen. Spaß macht es den Kindern, zwischen den Zehen ein Stück Kreide oder ein Tuch zu halten und die Schwünge mit dem Fuß nachzuvollziehen. Die Kinder sitzen auf dem Po, stützen sich beidseitig mit den Händen am Boden ab und malen so Schwünge in die Luft: geometrische Formen, Bögen, Girlanden, Zahlen usw.

Zweihändiges und zweifüßiges symmetrisches Luftzeichnen unterstützt die Bewegungsabläufe des ganzen Körpers. Weil beide Gehirnhälften zugleich angeregt werden, werden die Motorik und Koordinationsfähigkeiten geschult.

Sprech- und Sprachprobleme haben häufig graphomotorische Schwierigkeiten und mangelndes Körpergefühl als Grundlage. Deshalb sollten Formen und Zeichen über den ganzen Körper wahrgenommen und erfahren werden. Ganzheitliche Bewegungsabläufe mit dem Schwerpunkt auf Schaukel-, Schwing- und Kreisbewegungen sind hierzu besonders gut geeignet. Dabei wirken sich schaukeln, wippen und sich im Tanz drehen positiv auf die Grobmotorik aus, pendeln oder schwingen mit dem Handgelenk oder zappeln mit den Fingern fördert dagegen die Feinmotorik.

Weitere Übungen für die Grobmotorik:
- aus dem Schultergelenk heraus mit der Hand und den Fingern in die Luft schreiben, dazu Seile, Bänder oder Tücher benutzen
- im abgedunkelten Zimmer mit einer Taschenlampe in die Luft schreiben
- große Symbole auf eine Tapetenrolle, den Boden, auf großes Pack- oder Zeitungspapier

schreiben, dann ablaufen, abhüpfen und mit einem Stift nachfahren
- rhythmische Schwungübungen mit der ganzen Armspannweite, wie tanzen mit Bändern, Tüchern, Papierschlangen usw.
- sich eine Melodie, einen Reim, einen Sprechgesang ausdenken und die Stimmführung variieren (schnell – langsam, lustig – traurig, flüsternd – schreiend), dabei den Text in passende Bewegungen umsetzen: fröhlich tanzen, wütend stampfen, ängstlich flüstern, ängstlich schauen und bewegen
- wie ein Clown einen Ball von einer Hand zur anderen werfen und jonglieren
- den Wechsel von rechts nach links und das Zusammenspiel beider Seiten üben: abwechselnd mit rechter und linker Hand, dann beidhändig in die Luft schreiben, mit den Händen abwechselnd und beidhändig auf den Boden oder auf die Knie klatschen
- die eigene Mitte suchen und ausbalancieren: abwechselnd mit dem rechten und dem linken Bein, dann mit beiden Beinen stampfen und strampeln
- auf Seilen, Schnüren, Mullbinden oder Kreidestrichen gehen, balancieren, hüpfen (vorwärts oder rückwärts, mit offenen oder geschlossenen Augen, blind geführt von einem Partner usw.)

Beim Ablaufen bzw. Abhüpfen bilden fließende, lockere runde Formen wie Kreise, Schleifen oder Girlanden einen reizvollen Gegenpol zu eckigen Formen wie Quadrat oder Dreieck. Bei Letzteren bleibt das Kind an jeder Ecke stehen, um die Richtung zu ändern. Es erfasst und erlebt mit sich selbst den Beginn und das Ende einer Linie im Einklang mit dem Richtungswechsel. Beim Abgehen der Formen können die Kinder klatschen, stampfen, winken, wie Hunde bellen oder wie Fische blubbern usw.

Weitere Übungen für die Feinmotorik:
- malen, zeichnen, schneiden, kneten, falten, reißen
- mit beiden Händen gleichzeitig zeichnen
- Spuren in aufgestreutem Mehl oder Sand hinterlassen
- Symmetrie erfahren: ein Blatt senkrecht in der Mitte zerschneiden (wellig, zackig, von einer Ecke zur anderen) und auf Lücke nebeneinander aufkleben
- Symmetrie erfahren: ein Blatt in der Mitte falten, auf eine Hälfte Wasserfarben, Tinte oder Tusche auftragen, das Papier wieder in der Mitte falten, abdrücken, öffnen und den Spiegelabdruck betrachten

Tafelschwünge

Nach den Bewegungsspielen im Raum schreibt die Lehrkraft den Schwung an die Tafel. Die Kinder fahren ihn mit dem Zeigestab nach und schreiben eigene Probereihen mit farbiger Kreide darunter. Danach wird die Tafel abgewischt. Anschließend versucht die Lehrkraft, den Schwung noch einmal „aus dem Gedächtnis" anzuschreiben. Aber o Schreck, sie macht jede Menge Fehler! Mit Wonne entdecken die Kinder die Lehrerfehler, besprechen, erklären und korrigieren sie.

Der Höhepunkt ist das Blindschreiben: Die Kinder dirigieren der Lehrkraft, ob der Schwung nach oben, rechts, links oder zur Kurve gehen soll mit „Stopp" und einer Angabe zur Richtungsänderung. Nebenbei erfassen sie Begriffe zur Raumorientierung. Sie denken mit, verfolgen die Entstehung des Schwunges und verstehen gleichzeitig die Aufgabe. Nach einigen Tagen sind sie fast perfekt darin, dem Lehrer die „Blindenschrift" anzuzeigen.

Heftschwünge

Nach den Tafelübungen geht es zum Platz zurück und die Heftaufgaben beginnen. Im Heft wird immer nur die rechte Seite bearbeitet, da auf der linken Seite die vorherigen Aufgaben durchschimmern. Jeder Schwung wird vom Lehrer mit einem Buntstift begonnen. Die Kinder fahren ihn mit dem Finger nach und ergänzen – immer noch mit dem Finger – die halbfertige Lehrer-Reihe. Anschließend wird der Buntstift umgedreht und die Schwünge statt mit Farbe erst einmal mit dem Stiftende unsichtbar (Zauberschrift) auf das Papier gebracht. Erst dann darf die begonnene erste Reihe richtig mit dem Farbstift geschwungen werden. Die Kinder bestimmen Größe, Farbwahl und Zeilenabstand selbst. Nach fünf Minuten erinnert ein Glöckchen sie daran, die Plätze zu verlassen, um bei einem kleinen Spaziergang die anderen Hefte anzusehen. Die Kinder erhalten dabei Gelegenheit, sich zu bewegen, und können ihre eigenen Aufgabenlösungen mit denen der anderen Kinder vergleichen. Sie fühlen sich bestätigt, dass ihr Lösungsansatz geglückt ist, oder erhalten Anregung zur Korrektur. Anschließend wird in Ruhe im eigenen Heft weitergeschrieben.

Die ersten Märchenabschnitte verlangen einfache Schwünge. Später folgen zusammengesetzte Schwungübungen, die Wortbildern gleichen. Die Kinder entdecken dabei reale Buchstaben: „Das ist ein n wie in meinem Namen." „Da ist ein *u* wie bei Uhu." Ich lasse mir von den Kindern Namen mit diesen Grundbuchstaben diktieren. Anschließend gliedern wir die Buchstaben aus, indem wir sie im Wortbild einkreisen. Diese spielerischen Übungen machen den Kindern Lust auf Schreiben. Immer mehr lockert sich die Kinderhand, die Übungen werden nach und nach ohne Handdruck flüssig, locker und farbenfroh ausgeführt. Auch das Arbeitstempo pendelt sich ein. Die Zeitvorgaben erhöhen sich bis auf 20 Minuten. Manches Kind überzieht diese, schreibt schon recht klein und findet Schreiben als eine spannende und lohnenswerte Sache. Dies sollte auch das Ziel dieser Vorübungen sein.

Dokumentation des Entwicklungsstandes

Beobachtet die Erzieherin ein Kind gezielt und über einen längeren Zeitraum, kann sie dessen Entwicklungsfortschritte dokumentieren. Dazu legt sie sich am besten ein Beobachtungstagebuch zur Fein- und Grobmotorik an, in dem sie von den einzelnen Kindern Lösungen und jeweiligen Entwicklungsstand festhält. Die Notizen dienen als Grundlage, um weitere Förderangebote und Spiele einzuflechten.

Auf folgende Aspekte sollte geachtet werden:

Auge-Hand-Koordination
Schaut das Kind genau zu, hält es den Blickkontakt aufrecht oder schweift es ab, kann es ohne Augenkontrolle Formen wie Kreis, Quadrat, Dreieck, Haus, Luftballon mit Schnur oder Schwungübungen aller Art aus dem Gedächtnis nachgestalten?

Arbeitstempo und Konzentration
Ist das Kind konzentriert oder leicht ablenkbar? Ist es zögerlich, verträumt und nachlässig? Arbeitet es eher schnell oder langsam?

Motivation
Hat es Interesse an der Aufgabe, ist es neugierig? Macht es spontan mit oder erst nach Aufforderung? Ist es freudig motiviert bei der Sache oder lustlos? Wirkt es ängstlich und unruhig? Scheint es selbstsicher? Arbeitet es eher nachahmend oder selbstbestimmt? Stört es andere Kinder und spielt nebenher?

Feinmotorik
Ist sein Schriftbild verkrampft, unsicher, zittrig, verfahren, sehr klein, unausgeglichen, nachlässig, ungenau? Weist es mehrfache Strichführungen auf? Ist der Strich durch mehrere Seiten durchgedrückt?

Kreativität
Nimmt es mehrere Farben, um ein buntes Bild zu erhalten oder nur eine oder wenige Farben?

Optisches Gestalten
Kann das Kind den Reihenabstand regulieren? Sind die Reihen geordnet und übersichtlich? Bleibt die Schriftgröße innerhalb einer Reihe konstant?

Selbsteinschätzung und Kritikfähigkeit
Kann das Kind gelöste Aufgaben von sich und Mitschülern einordnen? Ist es kritikfähig? Kann es sich selbst korrigieren und selbst an sich arbeiten?

Selbstständigkeit und Merkfähigkeit
Wie reagiert es auf Erfolg oder Misserfolg? Löst es gestellte Aufgaben selbst oder benötigt es noch eine Schritt-für-Schritt-Hilfe? Merkt es sich den Ablauf einer Aufgabe und führt diese ohne Nachfrage richtig aus?

Die märchenhaften Schwungübungen

Die Handlungsabläufe *Körpererfahrung, Schwungübungen in der Luft, Tafelaufgabe* und *Heftaufgabe* sind bei der ersten Aufgabe stellvertretend für alle weiteren Aufgaben beschrieben. Es kann also bei den Aufgaben 2–28 genauso vorgegangen werden.

1. Aufgabe: Bienen-Flugbahnen

Ich erzähle den Kindern die Geschichte von drei kleinen Bienen, die aus Versehen am Abend im Wohnzimmer eingeschlossen wurden. Weil sie so hungrig und durstig sind, setzt sich die erste Biene auf Papas Bierglas und nippt daran. Doch das bekommt ihr gar nicht. Dem Tier wird es ganz schwindelig und es kreist nun laut brummend durch das Zimmer, bis es sich an der Wand zu einem Nickerchen hinsetzt. Genauso ergeht es der zweiten und auch der dritten Biene.

Körpererfahrung:
Alle Kinder schwirren als Bienen summend und brummend kreisförmig durch das Zimmer. Sie laufen große Kreise, machen Kurven, ohne sich gegenseitig zu berühren. Ein Tamburin begleitet mit leisem Takt den Bienenflug. Auf einen lauten Ton hin setzen sich alle Bienen und schlafen ein. Dann startet die zweite und danach die dritte Biene. Statt Bienenflüge kann man auch die Spuren von Schlittschuhläufern wählen.

Schwungübung in der Luft:
Alle Kinder bleiben stehen. Die Bienenspuren werden nun als Luftschwünge ausgeführt. Dabei strecken sich die Kinder, gehen in die Hocke, schreiben bis zum Boden oder nach rechts und links, soweit es ihre Geschicklichkeit zulässt.

Tafelaufgabe:
Die Tafel wird zum Flugraum der drei kleinen Bienen. Drei Kinder dürfen nacheinander ihre Flugbahnen mit unterschiedlichen Kreidefarben an die Tafel schwingen. Das Spurenzeichnen kann auch in einem Blindenspiel erfolgen: Es ist finstere Nacht, die Bienen können nichts mehr sehen. Das Kind an der Tafel schließt seine Augen und lässt sich von der Klasse seine Flugspur diktieren: „Flieg nach oben, stopp, nach rechts, flieg eine Kurve ..." Hierbei üben die Kinder spielerisch den Umgang mit Richtungsangaben.

Heftübung:
Mit dem Finger werden nacheinander die drei Bienenspuren ins Heft gezeichnet. Die Kinder dürfen auch drei verschiedene Finger einsetzen. Nach den Probeflügen suchen sie sich drei Farbstifte aus und malen die erste Spur ins Heft. Auf ein Tamburinzeichen schläft die erste Biene ein, womit die erste Spur endet. Die Kinder wechseln die Farbe und suchen sich den zweiten Startplatz, von dem aus sie die zweite Bahn malen. Sobald die dritte Biene eingeschlafen ist, ist die Aufgabe beendet. Hinterher sehen sich die Kinder gemeinsam alle Hefte auf den Tischen an und entdecken, dass es ganz unterschiedliche Lösungen gibt. Jede Lösung ist richtig.

2. Aufgabe: Roboterwege

Körpererfahrung:
Alle Kinder sind Roboter, die nur geradeaus gehen können. Stoßen sie an ein Hindernis, dürfen sie eine Kehrtwendung machen. Alle Roboter gehen zuerst längs durch den Raum gerade Straßen herauf und herunter. Die Straßen sind im Zickzack angeordnet. Danach führen die Straßen quer durch den Raum.

Der weitere Ablauf erfolgt wie in Aufgabe 1.

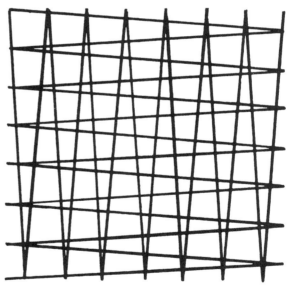

3. Aufgabe: Schlangen laufen

Körpererfahrung:
Die Kinder fassen sich zu einer langen Kette an den Händen und bewegen sich gemeinsam durch den Raum. Das erste Kind bestimmt die Windungen. Nach einem Tamburinzeichen läuft der Schlangenkopf an das Schwanzende. Jetzt übernimmt das nächste Kind die Führung.

Der weitere Ablauf erfolgt wie in Aufgabe 1.

4. Aufgabe: Der Weg zum Hexenhaus

Nun beginnt das Märchen von Hänsel und Gretel.

Körpererfahrung:
Zwei Kinder stehen sich gegenüber, strecken ihre Arme nach oben aus und reichen sich beide Hände. Auf diese Weise bauen sie mit ihren Armen das Dach und mit ihren Körpern das Elternhaus von Hänsel und Gretel. Weiter entfernt bauen zwei Kinder auf die gleiche Weise das Knusperhaus. Alle anderen Kinder gehen nun den direkten, geraden Weg von einem Haus zum anderen, zuerst sehend, dann mit geschlossenen Augen tief in der Nacht.

Die „Hauskinder" werden abgelöst und gehen ebenfalls den Weg ab.

Heftübung:
Zuerst malen die Kinder auf der linken Blattseite das Haus von Hänsel und Gretel. Begonnen wird mit dem Dach (Dreieck), darunter die Hausform (Quadrat). Auf die rechte Seite wird das Hexenhaus gemalt. Nun erst wird der Weg der Kinder vom Elternhaus zum Hexenhaus aufgezeichnet.

Die Übung stellt eine Koordinationsaufgabe dar. Die Koordination gelingt nur, wenn Augen und Stiftführung zusammenarbeiten. Das Kind muss den Weg vom Elternaus zum Hexenhaus erst mit den Augen erfassen, ehe es ihn einzeichnet, damit es nicht auf dem Dach des Hexenhauses landet.

Der weitere Ablauf erfolgt wie in Aufgabe 1.

5. Aufgabe: Hänsel wirft Steine auf den Weg

Hänsel hört in der Nacht, was die Eltern beschließen. Er klettert durch das Fenster und füllt seine Hosentaschen mit Kieselsteinen. Als die Eltern am nächsten Tag die Kinder in den Wald führen, lässt Hänsel die anderen vorausgehen. Dann geht er immer ein kurzes, gerades Stück des Weges und legt bei jedem Stopp ein Steinchen auf den Waldboden.

Körpererfahrung:
Alle Kinder gehen spazieren. Auf ein Zeichen bleiben sie stehen, bücken sich und bilden mit dem ganzen Körper einen Torbogen. Mit ihm stellen sie einen Stein dar, der auf dem Weg bleibt. Die Hände berühren den Boden, stoßen aber nicht mit den Schuhspitzen zusammen, sodass ein offenes Tor entsteht. Dann gehen die Kinder weiter

Der weitere Ablauf erfolgt wie in Aufgabe 1.

6. Aufgabe: Hänsel wirft Brotkrumen auf den Weg

Hänsel und Gretel haben mithilfe der Steine nach Hause gefunden. In dieser Nacht schließt die Mutter Fenster und Türen ab, sodass Hänsel keine Steine mehr sammeln kann. Hänsel steckt aber beim Frühstück sein Brot in die Hosentasche. Er möchte Brotkrumen auf den Weg streuen, um auch diesmal den Heimweg zu finden.

Körpererfahrung:
Die Kinder gehen durch den Raum. Auf ein Tamburinzeichen bilden sie mit dem ganzen Körper einen Torbogen. Sie richten sich auf, gehen einen Tamburinschritt und bilden einen zweiten Torbogen. Das Tamburin fordert zum Weitergehen auf und gibt nach ein paar Schritten das Zeichen, wieder zwei Torbögen hintereinander zu bilden.

Der weitere Ablauf erfolgt wie in Aufgabe 1.

7. Aufgabe: Die Begegnung mit dem Storch

Vergeblich suchen die Kinder nach den Brotstücken. Die Vögel haben sie längst aufgepickt. Nun haben sich Hänsel und Gretel verlaufen. Auf einer Wiese treffen sie den Storch, doch er kennt den Heimweg der Kinder leider nicht und stolziert gemächlich mit langsamen, spitzen Schritten davon.

Körpererfahrung:
Die Kinder verwandeln sich in Störche. Sie schreiten durch das hohe Gras, heben die Knie ganz hoch, strecken dabei die Fußspitzen und stolzieren umher. Die Arme können zum langen Storchenschnabel aufeinandergelegt werden. Durch Zusammenschlagen der Hände ertönt ein Storchengeklapper.

Der weitere Ablauf erfolgt wie in Aufgabe 1.

8. Aufgabe: Das Häschen im Kleefeld

Die Kinder treffen ein Häschen, das im Kleefeld sitzt. Sie bitten das kleine Tier um Hilfe, doch es hoppelt einfach davon.

Körpererfahrung:
Die Kinder sind Häschen. Sie ducken sich im Klee. Plötzlich springen sie aus der Hocke nach vorne, richten sich kurz auf, ducken sich wieder und hoppeln weiter.

Der weitere Ablauf erfolgt wie in Aufgabe 1.

9. Aufgabe: Fische springen aus dem Wasser

Die Kinder kommen an einen Teich und sehen kleine Fische in hohem Bogen aus dem Wasser springen. Blitzschnell tauchen sie wieder ein in das Wasser.

Körpererfahrung:
Die Kinder springen mit einem Strecksprung wie Fische aus dem Wasser.

Der weitere Ablauf erfolgt wie in Aufgabe 1.

10. Aufgabe: Im Zauberwald

Die Kinder treffen im Zauberwald ein. Hohe, spitze Tannenbäume und niedrige Büsche versperren den Weg. Doch dann sehen sie das Knusperhäuschen. Es duftet von Weitem herrlich nach Lebkuchen, und weil die Kinder hungrig sind, pirschen sie sich langsam näher heran. Hänsel läuft von einem Tannenbaum zum anderen, Gretel versteckt sich hinter den Büschen. So nähern sich die Kinder schrittweise dem Hexenhaus.

Körpererfahrung:
Die Kinder verwandeln sich in Tannenbäume und Büsche. Sie recken sich auf Zehenspitzen und bilden mit beiden Händen die Tannenspitze. Das Tamburin musiziert leise dazu. Auf einen lauten Ton hin werden alle Kinder in runde Büsche verzaubert. Sie bücken sich, stellen beide Hände auf den Boden und machen einen Buckel. Dann fordert das Tamburin zum Weitergehen auf. Abwechselnd werden sie wieder zu Tannen und Büschen. Wechselnde Tempi erhöhen die Konzentration.

Der weitere Ablauf erfolgt wie in Aufgabe 1.

11. Aufgabe: Die Hexe lockt die Kinder ins Pfefferkuchenhaus

Die Kinder schleichen sich ganz nahe an das Lebkuchenhaus heran und brechen ein Stück Kuchen vom Dach ab. Plötzlich ertönt eine krächzende Stimme: „Knusper, knusper, Knäuschen, wer knuspert an meinem Häuschen?"

Erschrocken antworteten die Kinder: „Der Wind, der Wind, das himmlische Kind!" Doch da öffnet sich die kleine Tür. Heraus tritt die Hexe und lockt mit einem langen Finger (rasche Lockbewegungen) die Kinder in ihr Knusperhaus.

Körpererfahrung:
Gemäß den raschen Lockbewegungen des Hexenfingers gestalten die Kinder kreisrunde e-Formen – erst mit dem ganzen Arm, aus dem Schultergelenk heraus, dann aus dem Unterarm, anschließend aus dem Handgelenk und schließlich mit dem Zeigefinger. Wird ein kleines Band am Zeigefinger festgemacht, wird den Kindern die Bewegungsspur sichtbar.

Bei der Übung geht es von der Grobmotorik zur Feinmotorik. Fällt den Kindern die Kreuzungsstelle schwer, sollte eine Vorübung erfolgen: Das e sollte mit Bändern oder Seilen auf dem Boden oder mit einer Kordel auf dem Tisch gelegt werden.

Der weitere Ablauf erfolgt wie in Aufgabe 1.

12. Aufgabe: Gretel kocht eine Suppe

Die Hexe ist keine gute Hexe. Sie sperrt den Hänsel in einen kleinen Gänsestall mit hohen, engen Gitterstäben und Gretel muss für sie Suppe kochen. Außerdem verbietet die Hexe der Gretel, mit dem Hänsel zu sprechen. Sobald die Hexe außer Sichtweite ist, singt Gretel: „Rühre, rühre, rühre fein, die Suppe wird gleich fertig sein." Sie klopft laut mit dem Kochlöffel auf den Topfrand und läuft zum Gänsestall.

Körpererfahrung:
Mit dem ganzen Arm rühren die Kinder die Suppe und singen dabei mit eigener Melodie die Rühr-Zeilen. Es entsteht mit dem Arm eine große e-Form. Am Liedende verharren die Kinder. Dann klopfen sie mit dem Kochlöffel schwungvoll auf einen imaginären Kochtopf. Das Lied beginnt erneut.

Der weitere Ablauf erfolgt wie in Aufgabe 1.

13. Aufgabe: Hänsel hinter Gittern

Hänsel sitzt unterdessen gefangen im Stall. Die Stäbe sind hoch und eng, sodass er nicht durchschlüpfen kann. Nur einen Finger kann er durchreichen.

Körpererfahrung:
Alle Kinder fassen sich an den Händen zu einer langen Schlange und winden sich zu engen Gitterstäben.

Der weitere Ablauf erfolgt wie in Aufgabe 1.

14. Aufgabe: Hexenrauch steigt aus dem Kamin

Die Hexe mag nun nicht mehr länger warten. Sie möchte die Kinder im Ofen braun wie Brot backen. Deshalb richtet sie im Backofen Holz her. Gretel soll das Feuer anzünden. Gretel aber stellt sich dumm. Sie tut so, als wisse sie nicht, wie man Feuer macht und bittet die Hexe, es ihr zu zeigen.

Als die Hexe sich in den Ofen hineinbeugt, gibt Gretel ihr einen Schubs und schließt blitzschnell die Backofentür. Die Hexe verbrennt und schwarzer Hexenrauch steigt aus dem Schornstein auf.

Körpererfahrung:
Der Hexenrauch wird mit Kreide auf dem Boden aufgemalt oder mit Toilettenpapier gelegt. Auf dem Hexenrauchweg laufen nun die befreiten Kinder entlang.

Der weitere Ablauf erfolgt wie in Aufgabe 1.

15. Aufgabe: Hänsel und Gretel umarmen sich

Gretel befreit den Hänsel aus seinem Gefängnis.

Körpererfahrung:
Es gehen immer zwei Kinder zusammen. Ein Kind spielt den Hänsel, das andere die Gretel. Gretel läuft schnell zum Stall. Hänsel kauert darin, er hat beide Hände über dem Kopf gekreuzt ausgestreckt. Gretel schleicht sich leise heran. Dabei sind ihre Arme hinter dem Rücken gekreuzt. Leise öffnet sie die Tür und hilft Hänsel heraus. Beide umarmen sich. Endlich sind sie befreit.
Die Rollen werden getauscht.

Der weitere Ablauf erfolgt wie in Aufgabe 1.

16. Aufgabe: Mit Gold beladen auf dem Heimweg

Die Kinder sammeln alles Gold und Edelsteine, füllen die Taschen und packen die Schätze in ein Tuch. Hänsel hat schwer zu schleppen und kann nur kleine Schritte machen. Gretel hat nur ihre Schürze voll gepackt und kann deshalb große Freudenhüpfer machen.

Körpererfahrung:
Die Kinder hüpfen mit kleinen und großen Sprüngen durch das Zimmer.

Der weitere Ablauf erfolgt wie in Aufgabe 1.

17. Aufgabe: Die Enten am See

Hänsel und Gretel kommen wieder an den See und treffen dort drei Enten. Die Waldeulen haben ihnen die Geschichte bereits erzählt und die Vögel haben inzwischen den Weg nach Hause herausgefunden. Zum Dank singen die Kinder das Entenlied. Dazu tanzen die Enten ein Wasserballett.

Körpererfahrung:
Die Kinder singen: „Alle meine Entchen", während die Lehrkraft das Lied als Schwungübung an die Tafel malt: Drei e-Bögen als Enten, drei u-Bögen als Wasserwellen, drei Striche als drei Entenhälse. Die Enten tauchen ihre Hälse ins Wasser (die Bögen verlaufen nach unten) und strecken am Schluss ihr Schwänzchen in die Höhe (spitzes Eck).

Der weitere Ablauf erfolgt wie in Aufgabe 1.

18. Aufgabe: Die Kinder machen Rast

Hänsel und Gretel ruhen sich aus und spielen miteinander.

Spiellied: Machet auf das Tor
Zwei Kinder bilden ein Tor. Sie stehen sich gegenüber, strecken die Arme in die Höhe und berühren sich mit den Handflächen. Alle anderen Kinder ziehen durch das Tor. Auf ein Tamburinzeichen schließt sich das Tor, die Torkinder senken die Arme, und wer gerade dazwischensteht, ist gefangen und darf sich hinter eines der beiden Torkinder stellen. Das Spiel dauert so lange, bis niemand mehr spazieren geht.

Der weitere Ablauf erfolgt wie in Aufgabe 1.

19. Aufgabe: Wieder zu Hause

Hänsel und Gretel kommen nach Hause. Die Eltern sitzen gerade traurig am Tisch. Leise öffnen die Kinder die Tür und rufen: „Wir sind wieder da!" Dann umarmen sie abwechselnd ihre Eltern.

Körpererfahrung:
Die Kinder gehen leise zwei Schritte auf Zehenspitzen. Dann umarmen sich jeweils zwei Kinder von ihnen.

Der weitere Ablauf erfolgt wie in Aufgabe 1.

20. Aufgabe: Das Sandmännchen streut Traumsand

Am Abend klettert das Sandmännchen auf die Fensterbank. Voller Freude sieht es, dass Hänsel und Gretel wieder zu Hause sind. Schnell hüpft es vom Fensterbrett herunter, holt sein Sandsäckchen, richtet sich kerzengerade auf und streut den Kindern Traumsand in die Augen. „Gut gemacht!", murmelt es, bückt sich erneut und streut der Katze, der Maus, der Spinne, dem Vater … Traumsand in die Augen.

Körpererfahrung
Jedes Kind stellt sich vor einen Stuhl. Alle steigen auf ihre Stühle, fahren mit der Hand in die Höhe, gehen mit der Hand etwas nach unten und vollführen die Streubewegung. Mehrmals hintereinander wird die Aufgabe ausgeführt. Am Schluss springen die Kinder vom Stuhl herunter und setzen sich darauf.

Der weitere Ablauf erfolgt wie in Aufgabe 1.

21. Aufgabe: Die Traumkörnchen

Das Sandmännchen verstreut große und kleine Traumkörnchen.

Körpererfahrung:
Mit dem Arm schwingen die Kinder e- und l-Formen in die Luft. Die Zeichen erscheinen unterschiedlich groß.

Der weitere Ablauf erfolgt wie in Aufgabe 1.

22. Aufgabe: Gretel träumt

Gretel träumt vom Hexenrauch und der Klopfsprache am Kochtopf.

Körpererfahrung:
Wieder wird Rauch mit Schnüren oder anderen Materialien gelegt und nachgegangen. Der Rauch kann auch in die Luft gemalt werden.

Der weitere Ablauf erfolgt wie in Aufgabe 1.

23. Aufgabe: Hänsel träumt

Hänsel träumt, wie Gretel und er von den Enten schnatternd begrüßt werden.

Körpererfahrung:
Die Schwünge werden in die Luft geschrieben oder mit Bändern auf dem Tisch gelegt. Die Bögen mit Kreuzung stellen eine Vorstufe zu den schwierigen Schreibschrift-f, -h und -k dar.

Der weitere Ablauf erfolgt wie in Aufgabe 1.

24. Aufgabe: Der Vater träumt

Der Vater träumt, dass er seine Kinder immer und immer wieder umarmt.

Körpererfahrung:
Mehrere Stühle werden versetzt gegenüber aufgestellt. Um sie herum wird der Schwung mit Toilettenpapier gelegt oder mit Kreide auf den Boden gemalt. Die Stühle befinden sich jeweils innerhalb der Schlaufe, sodass sich vor jedem Stuhl das Toilettenpapier kreuzt. Der Schwung wird von allen Kindern abgegangen, abgelaufen und am Schluss abgehüpft.

Der Schwung stellt den Grundbogen zu den Schreibschrift-j und -g bzw. den Gegenschwung für h und k dar.

Der weitere Ablauf erfolgt wie in Aufgabe 1.

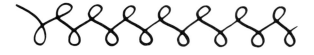

25. Aufgabe: Die Mutter träumt

Die Mutter träumt in dieser Nacht, wie sie den Kindern immer wieder über den Kopf streicht und dabei ihre Haare ganz struwwelig macht.

Körpererfahrung:
Die Kinder streichen sich über die Stirn bis zum Nacken und von dort zurück zur Nase.

Anschließend spielen die Kinder das Partnerspiel „Struwwelpeter und Struwwelliese": Sie streicheln sich gegenseitig die Haare – langsam von der Stirn zum Hinterkopf, dann rasch vom Hinterkopf zur Stirn. Anschließend dürfen alle Kinder ihre neue Frisur im Spiegel bewundern.

Der weitere Ablauf erfolgt wie in Aufgabe 1.

26. Aufgabe: Die Kinder spielen Fangen

Hänsel und Gretel spielen fangen, laufen zum Baum, halten sich dort kurz fest, drehen um und laufen zum nächsten Baum.

Körpererfahrung:
Immer zwei Kinder gehen zusammen. Ein Kind stellt einen Baum dar, das andere den Hänsel oder die Gretel. Auf ein Tamburinzeichen erfolgt der Richtungswechsel. Das Kind läuft zum Baum, bleibt auf ein Zeichen stehen, ändert die Richtung, dreht sich um und läuft mit einer Hakenschleife zurück. Dann wird gewechselt.

Der weitere Ablauf erfolgt wie in Aufgabe 1.

27. Aufgabe: Rutschbahnerlebnis

Hänsel und Gretel steigen auf die Rutschbahn hinauf und springen wieder hinunter.

Körpererfahrung:
Die Kinder schreiben den Schwung in die Luft oder legen ihn mit einer Schnur auf den Tisch.

Der weitere Ablauf erfolgt wie in Aufgabe 1.

28. Aufgabe: Seil hüpfen

Hänsel und Gretel nehmen sich Seile und springen um die Wette.

Körpererfahrung:
Die Kinder hüpfen mit dem Seil. Anschließend legen sie die Form mit Bändern auf dem Boden oder dem Tisch. Am Schluss schreiben sie den Schwung in die Luft.

Der weitere Ablauf erfolgt wie in Aufgabe 1.

Weitere Aufgaben:

Einzelne Übungen können auch ohne Körpererfahrung sofort über das Luftschreiben bewältigt werden. Im Laufe der Zeit erfordern nicht alle Aufgaben ein Üben an der Tafel, Luftschreiben und Zauberschrift. Die Schwünge können sofort ins Heft übertragen werden.

Jedes Kind bestimmt während des Schreibens selbst über seine Schreibdauer, sein Schreibmaterial und die Farbzusammenstellung. Die Schreibdauer wird zu jeder Übung bei jedem Kind vermerkt.
Ein Wecker gibt die Mindestschreibdauer von anfänglich 10 Minuten und später bis zu 20 Minuten vor. Wer möchte, schreibt länger. Vorübungen werden ganzjährig immer in den Bereichen Musik, Rhythmik, Tanz, Turnen usw. angeboten.

Grundformen

Bogenform

Girlanden

Wellen

Schnecken

Kreise

Zacken

Geraden

Kopiervorlage 20: Grundformen

Grundformen

Ecken

Kreuzungen

Klötze

Schreibgrundformen

16 Im Zahlenland – eine Unterrichtseinheit

Viele Kinder können bereits Zahlen erkennen, lesen und auch schreiben. Wie aber eine Zahl richtig entsteht, wissen viele Kinder nicht. Oftmals schreiben sie die Zahlen verdreht oder setzen sie aus Einzelelementen zusammen. Bei der Acht vermeiden sie beispielsweise die Kreuzungsstelle und malen stattdessen zwei Bälle untereinander.

Mit dem Schreibkurs für die Zahlen 1 bis 10 beginne ich im Frühjahr parallel zu den Schwungübungen. Die beiden Kurse werden abwechselnd angeboten. Kinder, die die Zahlen noch nicht kennen, werden Schritt für Schritt in die Zahlen-Zauber-Welt eingeführt. Dies entlastet sie später in der Schule, wenn sie sich verstärkt auf den Rechenvorgang konzentrieren müssen. Sie brauchen dann keine Kraft mehr aufzuwenden, um die Zahlenformen zu lernen.

Die Kinder nähern sich den Zahlen mit all ihren Sinnen. Dabei wird mit jeder Zahl ähnlich verfahren. Sie wird mit dem Körper erfahren, gelegt, nachgefahren und natürlich schriftlich auf dem Arbeitsblatt und im Heft erarbeitet.

Darüberhinaus können sich weitere Aktivitäten anschließen. Die Kinder schreiben die Zahlen beispielsweise auf Backbleche, die mit Sand, Mehl oder Reiskörnern bestreut sind. Sie schreiben mit Fingern oder Holzstäben, laufen sie in der Turnhalle nach oder legen sie mit Seilen und Bändern auf dem Boden. Ein besonderes Erlebnis ist es, auf dem Schulhof Riesenzahlen mit Kreide aufzumalen und mit Wasser aufzuspritzen. Die Zahlen werden anschließend immer wieder abgelaufen.

Weiterführend kann man Zahlen aus Alu formen. Dazu drückt man aus einem Streifen Alufolie eine dünne lange Schnur und biegt sie zu einer Zahl. Die Kinder unserer Gruppe bewahren ihre Aluschnüre in einem Briefumschlag auf. Daraus können sie jederzeit ihre eigenen Zahlenformen und sogar damit rechnen.

Außerdem lassen sich Zahlen geschickt in Figuren verstecken. In unserer Kindergruppe verzaubern wir Zahlen, indem wir aus der Acht einen Schneemann malen, aus der Zwei eine Ente, aus der Drei einen Hasen usw. Die Kinder besitzen ein ausgeprägtes Vorstellungsvermögen und sind enorm fantasievoll. Immer neue Varianten, in denen eine Zahl versteckt ist, werden von ihnen ausgetüftelt. Sie erkennen z. B. in einer Brille oder in einem Schmetterlingsflügel eine liegende Acht.

Die Kinder schlüpfen dabei gern in die Lehrerrolle und präsentieren ihre Ideen vor der Klasse. Ihre Lösungen werden von allen umgesetzt.

Ergänzend können Spiele zum Zahlenverständnis gespielt werden wie Würfelspiele oder Zuordnungsspiele. Einige Zahlenschreibspiele in diesem Band wie *Zahlensalat* und *Zahlendiktat* haben die Kinder erfunden und sind in den Kurs eingeflossen. In den Bänden „Mit allen Sinnen zur Mathematik finden" (978-3-14-163017-6) und „Mit allen Sinnen zur Sprache finden" (978-3-14-163015-2) sind weitere Ideen für Spiele und Aufgaben enthalten.

Für Heftarbeiten verwenden die Kinder ein Zahlen-Doppelheft mit großen Erstklässler-Kästchen (Nr. 7, DIN-A4). Im Heft schreiben wir nur auf der rechten Seite, da die vorherigen Aufgaben auf der linken Seite durchscheinen und das eigenständige Arbeiten behindern.

Zur Einführung wird jede Zahl zunächst von der Lehrkraft groß in die Hefte geschrieben. Die Kinder fahren sie mit vielen Farben innen und außen nach. Drumherum schreiben sie dann lauter Zahlenkinder dazu.

Zu jeder Zahl erhalten die Kinder außerdem ein Zahlenbild zum Ausgestalten (siehe Kopiervorlagen 21–25). Es wird anschließend in das Heft geklebt.

Mit Begeisterung erfinden die Kinder aber auch eigene Arbeitsblätter. Ich setze ihre Denkanstöße oftmals um oder lasse sie die Blätter selbst entwerfen. Anschließend werden sie zur Bearbeitung für die ganze Klasse kopiert.

Die Zahl Eins

Zuerst wird die Zahl mit dem Körper erfahren: Die Kinder steigen auf ihre Stühle und strecken die Arme wie bei einem Kopfsprung nach oben (schräger Aufschwung). Anschließend springen sie wieder herunter (Zahlenrücken).

Die nächste Übung wird auch mit dem Körper ausgeführt: Die Kinder legen sich abwechselnd zu einer lebendigen Eins auf den Boden, die anderen streicheln sie ab. Danach schreiben sie die Eins in die Luft und sprechen dabei:

Ich steige auf den Berg hinauf (schräger Aufschwung),
ruhe mich aus (Spitze zum Richtungswechsel)
und fahre mit der Seilbahn nach Haus (langer, gerader Rücken).

Vor allem bei Kindern, die Probleme mit der Feinmotorik haben, unterstützt der Reim rhythmisch den Schreibvorgang. Er wird bei den ersten Übungen dazugemurmelt – zunächst im Flüsterton und später nur noch in Gedanken.

Weitere Schritte sind: die Eins in die Handfläche schreiben, an die Tafel schreiben, die Eins im Heft innen und außen dick nachzeichnen und lauter kleine Einsen als Einserkinder dazuschreiben.
Anschließend wird das Zahlenbild (Kopiervorlage) ausgearbeitet. Die Kinder gestalten den Einser-Igel nach der Vorlage mit bunten Farben, malen noch etwas in das Bild hinein (z. B. eine Sonne, eine Wiese …) und kleben das Bild schließlich in ihr Heft.
Als nächste Aufgabe schreiben die Kinder die Zahl Eins noch einmal in ihr Heft, malen ein Symbol daneben und kreisen Zahl und Symbol ein. Symbole für die Eins und zu allen weiteren Zahlen können sein: Sonne, Stern, Herz, Blüte, Haus, Fisch, Dreieck, Kreis, Rechteck usw.

Die Zahl Zwei

Körpererfahrung: Mit der Hand über der Nase beginnend und bis zum Nacken über die Stirn und den Hinterkopf streichen, den Rücken hinunter fahren, ein Bein rasch nach hinten knicken und dazu sprechen:

Stirn, Kopf, Rücken zum Po, das Bein entlang, die Zwei geht so.

Danach schließen sich folgende Übungen an:
- sich abwechselnd als lebendige Zwei auf den Boden legen: auf die Seite legen, beide Knie anwinkeln, Kinn in Richtung Brust ziehen, abstreicheln lassen
- die Zwei in die Luft, in die Hand, an die Tafel schreiben
- die Zwei innen und außen dick nachzeichnen, Zweierkinder dazuzeichnen (Heftarbeit)
- Zahlenreihe aus den Zahlen Eins und Zwei schreiben (Heftarbeit)
- Zahlenbild (Kopiervorlage) gestalten und einkleben: Zweier-Schwan
- eine Zwei schreiben, zwei gleiche Symbole dazumalen, Zahl und Symbole einkreisen

Die Zahl Drei

Körpererfahrung: Bei der Stirn beginnen, über Kopf und Nacken streichen, herunterbeugen und der Drei einen dicken runden Po geben. Über den Po bis zu den Kniekehlen streichen. Dazu den Reim sprechen:

Stirn, Kopf, Nacken, Po, die Drei ist leicht, was bin ich froh!

Danach schließen sich folgende Übungen an:
- sich abwechselnd als lebendige Drei auf den Boden legen: Zwei Kinder legen sich wie ein C hin und bilden zusammen eine Drei, abstreicheln lassen
- die Drei in die Luft, in die Hand, an die Tafel schreiben
- die Drei innen und außen dick nachzeichnen, die Dreierkinder dazuzeichnen (Heftarbeit)
- Zahlenreihe aus den Zahlen Eins, Zwei und Drei schreiben (Heftarbeit)
- Zahlenbild (Kopiervorlage) gestalten und einkleben: Dreier-Fisch
- eine Drei schreiben, drei gleiche Symbole dazumalen, Zahl und Symbole einkreisen

Als letzte Übung wird *Zahlensalat* gespielt: In der Klasse einigt man sich vor dem Spiel, welche Farben die einzelnen Zahlen bekommen sollen. Bei uns wird die Zahl Eins blau geschrieben, die Zwei erhält die Farbe Rot und die Drei die Farbe Gelb.

Alle Kinder haben ihre dicken Buntstifte und ein Blatt vor sich liegen. Das Blatt stellt den Schulhof dar. Ein Kind spielt Lehrer und sagt z. B.:

„Alle Erstklässler dürfen auf den Schulhof. Sie sind rot gekleidet."

Die Kinder schreiben daraufhin lauter rote Einsen auf ihr Blatt. Die Zahlen werden dabei überall auf dem Blatt verteilt: oben, unten, rechts, links und in der Mitte. Die Kinder schreiben so lange, bis das Lehrerkind „stopp" sagt. Ein anderes Kind darf nun eine andere Zahl wählen.

Die Zahl Vier

Körpererfahrung: Einen Arm ganz ausstrecken, den Unterarm nach oben abwinkeln und den zweiten Unterarm als Viererstrich dagegenhalten.

Danach schließen sich folgende Übungen an:
- sich abwechselnd und in Partnerarbeit als lebendige Vier auf den Boden legen: Partner 1 legt sich gerade auf den Rücken, Partner 2 legt sich seitlich daneben, winkelt die Beine ab und legt sie ausgestreckt auf den Bauch von Partner 1, abstreicheln lassen.
- die Vier in die Luft, in die Hand, an die Tafel schreiben
- die Vier innen und außen dick nachzeichnen, Viererkinder dazuzeichnen (Heftarbeit)
- Zahlenreihe aus den Zahlen Eins, Zwei, Drei und Vier schreiben (Heftarbeit)
- Zahlenbild (Kopiervorlage) gestalten und einkleben: Vierer-Dino
- eine Vier schreiben, vier Symbole dazumalen, Zahl und Symbole einkreisen
- Zahlensalat spielen

Reim:
Hinunterrutschen, gerade gehen, in der Mitte mit einem Strich versehen, die Vier darf nun spazieren gehen.

Die Zahl Fünf

Körpererfahrung: Mit einer Hand vom Hinterkopf zur Stirn nach vorne streichen, vor dem Gesicht herunterfahren, etwas in die Knie gehen und die runde Poform bis zur Kniekehle entlangstreicheln.

Danach schließen sich folgende Übungen an:
- sich abwechselnd als lebendige Fünf auf den Boden legen: Ein Kind legt sich als gerader Strich und Hals hin, ein bis zwei weitere Kinder bilden den Halbkreis der Zahl.
- die Fünf in die Luft, in die Hand, an die Tafel schreiben
- die Fünf innen und außen dick nachzeichnen, Fünferkinder dazuzeichnen (Heftarbeit)
- Zahlenreihe aus den Zahlen Eins, Zwei, Drei, Vier und Fünf schreiben (Heftarbeit)
- Zahlenbild (Kopiervorlage) gestalten und einkleben: Fünfer-Raupe
- eine Fünf schreiben, fünf Symbole dazumalen, Zahl und Symbole einkreisen
- Die Zahl Fünf mit Körnern, Muscheln, Steinchen usw. auf Karton legen und aufkleben
- Zahlensalat spielen

Reim:
Die Fünf ist gehen, runterspringen und hat einen Po, ist sie schwer? I wo!

Bereits ab der Zahl Fünf, spätestens ab der Zahl Sieben, kann folgendes Spiel eingebaut werden:

Zahlensymbol-Spiel
Die Kinder nennen verschiedene Symbole, die an die Tafel geschrieben werden. Ein Kind spielt den Lehrer, nennt eine Zahl zwischen Eins und Sieben und wählt ein Symbol aus. Dann liest es die Aufgabe vor: „Ich wünsche mir die Sieben und habe mir die Sonne ausgewählt." Alle Kinder schreiben die Sieben, zeichnen sieben Sonnen dazu und kreisen Zahl und Symbole ein. Sind alle fertig, darf das Kind den neuen „Lehrer" bestimmen.

Zahlendiktat
Ein Kind spielt Lehrer und bestimmt eine Zahlenkombination: „Ich wünsche mir die Geheimzahl: 5 – 3 – 6 – 9." Auf „Los" schreiben alle Kinder diese Geheimzahlreihe, bis das Lehrerkind seine Reihe ebenfalls fertig hat und „Stopp" ruft. Ein Nachfolger wird bestimmt. Wichtig dabei ist, dass die Zahlen sauber geschrieben werden.

Bei den Spielen kann bereits jetzt überprüft werden, ob der Zahlbegriff nach den bisher besprochenen Zahlen vorhanden ist. Zum Einen erkennt die Lehrkraft, ob das Kind die Zahl in Form und Richtung selbstständig schreiben kann, d.h. die Zahl nicht spiegelbildlich oder verdreht wiedergibt oder aus Einzelformen zusammensetzt. Zum Anderen überprüft die Lehrkraft, ob das Kind die richtige Anzahl an Symbolen zeichnet.

Die Zahl Sechs

Die Sechs auf dem Boden aufzeichnen und abhüpfen. Dazu den Reim sprechen:

Halbes Hasenohr, dann ein Hasenschwänzchen mit einem Dideldudel-Tänzchen.

Danach schließen sich folgende Übungen an:
- mit sechs Kindern eine lebendige Sechs auf dem Boden nachlegen, abstreicheln lassen
- die Sechs in die Luft, in die Hand, an die Tafel schreiben
- die Sechs innen und außen dick nachzeichnen, Sechserkinder dazuzeichnen (Heftarbeit)
- Zahlenreihe aus den Zahlen Eins, Zwei, Drei, Vier, Fünf und Sechs schreiben (Heftarbeit)
- Zahlenbild (Kopiervorlage) gestalten und einkleben: Sechser-Lockenkopf
- eine Sechs schreiben, sechs Symbole dazumalen, Zahl und Symbole einkreisen
- Zahlensalat
- Zahlendiktat

Die Zahl Sieben

Die Sieben legen wir gleich mit vier Kindern als lebendige Zahl auf dem Boden und streicheln sie ab. Beim anschließenden Luftschreiben wird der Reim gesprochen:

*Wie eine Hängematte sieht die Sieben aus.
Ich lege mich hinein und ruhe mich aus.*

Folgende Aufgaben schließen sich an:
- die Sieben in die Luft, in die Hand, an die Tafel schreiben
- die Sieben innen und außen dick nachzeichnen, Siebenerkinder dazuzeichnen (Heftarbeit)
- Zahlenreihe aus den Zahlen Eins, Zwei, Drei, Vier, Fünf, Sechs und Sieben schreiben (Heftarbeit)
- Zahlenbild (Kopiervorlage) gestalten und einkleben: Siebener-Sack
- eine Sieben schreiben, sieben Symbole dazumalen, Zahl und Symbole einkreisen
- Zahlensalat
- Zahlendiktat

Ab der Zahl Sieben sollten die Kinder im Heft alle Zahlen in zwei übereinanderliegende Kästchen eintragen und die Reihen einhalten können.

Die Zahl Acht

Eine große Acht mit Kreide auf den Boden malen. Alle Kinder fassen sich zu einer müden, alten Klapperschlange an den Händen und laufen die Zeichnung ab. An der Kreuzung wird gehalten. Die Kinder an dieser Stelle bilden mit den Armen ein Tor, um die Restschlange durchzulassen. Oder alle Kinder stellen sich dicht hintereinander auf, gehen oder hüpfen die Zahl ab und achten an der Kreuzung selbst darauf, dass niemand zusammenstößt. Dort heißt es abbremsen, Rücksicht nehmen, dem Partner den Vorrang einräumen.

Während der Körperübung wird der Reim gesprochen:

Die Achterrennbahn, die macht Spaß, gebt ordentlich Tempo und Gas. Aber aufgepasst!

Folgende Aufgaben schließen sich an:
- abwechselnd eine lebendige Acht auf dem Boden nachlegen, abstreicheln lassen
- die Acht in die Luft, in die Hand, an die Tafel schreiben
- die Acht innen und außen dick nachzeichnen, Achterkinder dazuzeichnen (Heftarbeit)
- Zahlenreihe aus den Zahlen Eins, Zwei, Drei, Vier, Fünf, Sechs, Sieben und Acht schreiben (Heftarbeit)
- Zahlenbild (Kopiervorlage) gestalten und einkleben: Achter-Vogel
- eine Acht schreiben, acht Symbole dazumalen, Zahl und Symbole einkreisen
- Zahlensalat
- Zahlendiktat

Die Kinder finden gemeinsam Formen, in denen die Zahl Acht versteckt ist, z.B. einen Vogel, der aus zwei Kreisen gezeichnet wird. Dem Lehrer werden diese Formen diktiert: „Male zwei Kreise: einen Kopf und einen Bauch ..." Die Zahl Acht wird in dem Bild farbig nachgefahren.

Die Zahl Neun

Die Zahl Sechs macht einen Handstand und wird deshalb auf den Kopf gestellt. Sie sieht aus wie eine Kaulquappe oder erinnert an den kleinen Buchstaben *g*.

Die Zahl Neun wird aus Nüssen, Popcorn oder Rosinen auf dem Tisch gelegt. Danach darf die Neun genüsslich verspeist werden.

Beim Luftschreiben wird folgender Reim gesprochen:

*Die Kaulquappe hat einen kleinen Kopf
und trägt ihr Schwänzchen wie einen Zopf.*

Folgende Aufgaben schließen sich an:
- abwechselnd eine lebendige Neun auf dem Boden nachlegen, abstreicheln lassen
- die Neun in die Luft, in die Hand, an die Tafel schreiben
- die Neun innen und außen dick nachzeichnen, Neunerkinder dazuzeichnen (Heftarbeit)
- Zahlenreihe aus den Zahlen Eins, Zwei, Drei, Vier, Fünf, Sechs, Sieben, Acht und Neun schreiben (Heftarbeit)
- Zahlenbild (Kopiervorlage) gestalten und einkleben: Neuner-Schnecke
- eine Neun schreiben, neun Symbole dazumalen, Zahl und Symbole einkreisen
- Zahlensalat
- Zahlendiktat

Die Zahl Zehn

Die Ziffer Eins ist bekannt, die Ziffer Null kommt nun dazu.
Die Null wird als riesige lebendige Zahl von der Hälfte der Kindergruppe gelegt. Die anderen Kinder umlaufen und umkrabbeln sie im Vorwärts- und im Rückwärtsgang. Dann wird gewechselt.

In der Feinmotorik nähern wir uns ebenfalls dieser schwierigen Grundform:

- Aus bunten Papierstreifen kleben die Kinder Kringel oder Kreise. Ineinandergesteckt ergeben die Kringel eine Nuller-Kette.
- Aus Einzelkreisen lassen sich Tierfiguren herstellen wie Hase, Vogel, Hund, Fisch usw. Schnabel, Schwanz, Ohren oder Beine werden aus Papier dazugeformt. Die Tiere können an einem Zweig aufgehängt werden.
- In Gemeinschaftsarbeit wird eine Riesenraupe aus lauter Papierkringeln gebastelt.

Folgende Aufgaben schließen sich an:
- mit zwei Kindern eine lebendige Null auf dem Boden nachlegen; das unterstützt das Wissen, dass man oben beginnen muss, um eine runde Form zu erhalten: Die Kinder legen sich in Seitenlage auf den Boden, ihre Köpfe und Füße berühren sich, Körper und Beine gestalten jeweils ein C, abstreicheln lassen
- die Zehn in die Luft, in die Hand, an die Tafel schreiben
- die Zehn innen und außen dick nachzeichnen, Zehnerkinder dazuzeichnen (Heftarbeit)
- Zahlenreihe aus den Zahlen Eins, Zwei, Drei, Vier, Fünf, Sechs, Sieben, Acht, Neun und Zehn schreiben (Heftarbeit)
- Zahlenbild (Kopiervorlage) gestalten und einkleben: Zehner-Wolke
- eine Zehn schreiben, zehn Symbole dazumalen, Zahl und Symbole einkreisen
- Zahlensalat
- Zahlendiktat

Reim zur Ziffer 1:
*Zum Dach hinauf bis zur Spitze spritzen,
anhalten, dann runterflitzen.*

Reim zur Ziffer 0:
*Nach links den Po, dann rechts den Bauch.
Oben schließen und Dauerlauf.*

Die Zahlen werden innen und außen dick nachgezeichnet.

Zu den Zahlen werden Symbole in entsprechender Anzahl gemalt.

Diese Symbole können verwendet werden, um eine Anzahl darzustellen.

Zahlen lassen sich in Figuren verstecken.

Kopiervorlage 21: Im Zahlenland – Zahlenbilder 1 und 2

Kopiervorlage 22: Im Zahlenland – Zahlenbilder 3 und 4

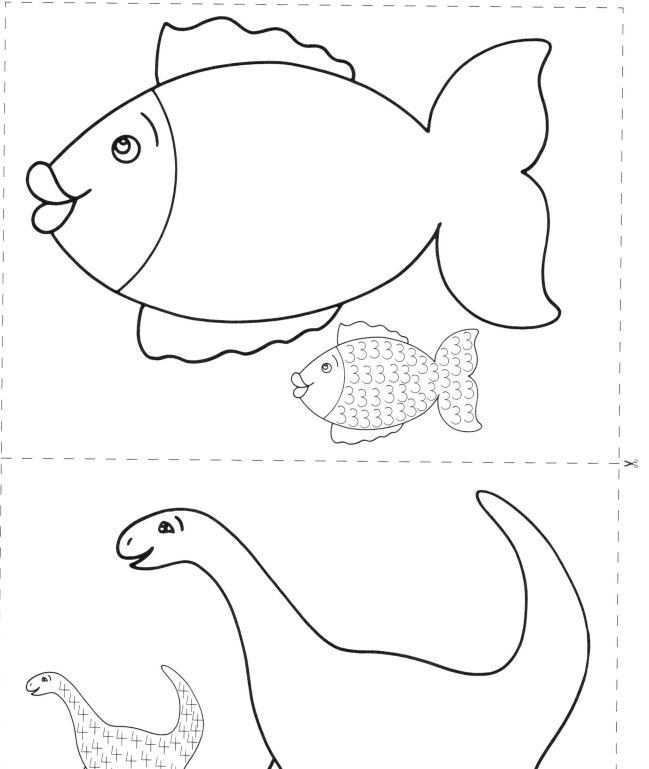

Kopiervorlage 23: Im Zahlenland – Zahlenbilder 5 und 6

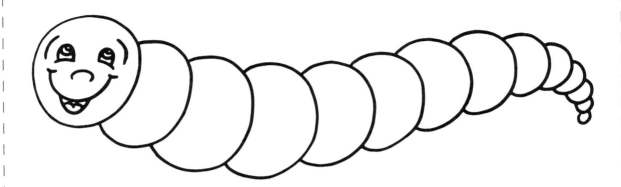

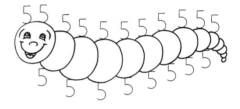

Kopiervorlage 24: Im Zahlenland – Zahlenbilder 7 und 8

Kopiervorlage 25: Im Zahlenland – Zahlenbilder 9 und 10

Unser Gewürztagebuch – ein Projekt

Vorgehensweise und Projektziel

Die partnerschaftliche Zusammenarbeit zwischen Elternhaus, Schule und Kinderbetreuungseinrichtung ist ein Grundstein, um miteinander eine internationale, interkulturelle Brücke der Verständigung aufzubauen. Das Thema Gewürze bietet hier vielerlei Möglichkeiten für gemeinsame Erfahrungen. Deshalb werden Kinder und ihre Eltern in die Projektplanung, Materialbeschaffung und Organisation einbezogen. Miteinander etwas gestalten – und dies gleich international – ist auch das eigentliche Ziel unseres Gewürzprojektes.

In einem kurzen Informationsbrief werden alle Eltern um Mithilfe gebeten:

> Liebe Eltern,
> wer von Ihnen hat Lust, uns bei unserem internationalen Gewürzprojekt zu begleiten?
> Wir wollen miteinander alle unsere Sinne aktivieren und einen kleinen Gewürzbasar in unsere Klasse holen.
> Wer kann uns leihweise die Gewürze seiner Küche und seines Heimatlandes zur Verfügung stellen und uns in die Gewürzgeheimnisse einweihen?
> Verraten Sie uns auch, wie diese Gewürze bei Ihnen zu Hause genannt werden?
> Hierbei sollen und dürfen Eltern gemeinsam mit ihrem Kind recherchieren:
> - in der Bücherei nach Gewürzbüchern stöbern
> - Rezepte suchen
> - im Internet nach Informationen und Fotos fahnden
> - beim Gewürzhändler den Riechsinn erproben
>
> Wir freuen uns über Ihre Mitarbeit.
>
> Die Kinder der Förderklasse

Am ersten Projekttag erhalten die Eltern von mir Erstinformationen zum Thema in Schriftform. Viele Ideen und Informationen zu Gewürzen haben die Eltern dann ihrerseits schon recherchiert, gesammelt und mitgebracht. Auch diese werden von mir zusammengestellt, kopiert und an alle verteilt.

Nachdem wir die organisatorischen Dinge besprochen haben, lassen wir das Projekt kulinarisch anklingen – mit dem Genuss internationaler Koch- und Backproben, die uns von Eltern unterschiedlicher Nationalität mitgebracht werden. So bekommen wir schon einmal einen ersten und genussvollen Eindruck von den verschiedensten Gewürzen, die sich bei den Köstlichkeiten herausschmecken lassen.

Die Arbeiten an dem Projekt finden dann in den kommenden vier Wochen während der regulären Unterrichtszeit am Vormittag statt, und zwar parallel zum täglichen Freispiel und zur Freiarbeit. Zusätzlich wird jeden zweiten Tag eine weitere Unterrichtsstunde angeboten, in der Eltern und Kinder an ihren Vorhaben weiterarbeiten oder sich zum Erfahrungsaustausch zusammensetzen können.

Die Angebote für das Gewürzprojekt liegen an einem großen Tisch aus. Die Kinder können die Materialien selbstständig nutzen, sich bei Bedarf weitere Anregungen von der Lehrkraft geben lassen oder von dem täglichen Gesprächskreis profitieren, zu dem sich Lehrkraft, alle Kinder und Eltern treffen, um gemeinsam Ideen auszutauschen. Die Kinder stellen darin ihre aktuellen Arbeiten vor und bewundern gegenseitig ihre Tagebucheintragungen. In dem Kreis wird außerdem regelmäßig ein Brainstorming zum Sammeln weiterer Ideen angeboten sowie gemeinsam Spiele zum Projektthema gespielt.

Bei Interesse dürfen Eltern und Kinder auch Material mit nach Hause nehmen und weiterarbeiten. Aus Gesprächen erfuhr ich, dass dabei mitunter die ganze Verwandtschaft mit eingebunden wird und dies ein ganz besonderes Erlebnis von Teamarbeit hervorbringt.

Das Projekt wird am Ende mit einer Projektvorstellung abgeschlossen, zu der natürlich alle Familien eingeladen sind. Auch während des Projektes lassen wir unsere Türen für alle offen, die sich für unsere Arbeiten und gesammelten Schätze interessieren. Im Rahmen eines Schulfestes oder Elternsprechtages lässt sich ebenfalls ein solcher Unterrichtsbesuch organisieren.

Unsere Gewürztagebücher

Die Gewürztagebücher werden in Teamarbeit bearbeitet. Ein Team kann aus zwei Kindern, einer Kindergruppe oder aus Mutter und Kind bestehen. Bewusst darf aber die ganze Familie mitarbeiten. Kinder, die keine Elternhilfe erhalten, recherchieren in kleinen Gruppen selbst oder werden von einer Lehrkraft, einem älteren Schüler oder einem sonstigen Helfer begleitet.

Vor Beginn muss sich jedes Team noch für ein Gewürz entscheiden. Vornehmlich um dieses sollte es in dem Tagebuch dann gehen.
    Am Anfang bereitet aber jedes Team erst einmal sein Tagebuch vor. Eltern und Kinder bekommen hierfür zugeschnittene, farbige Leerblätter im DIN-A5-Format und dazu ebenfalls farbige Tonpapierstreifen zum Beschriften und Aufkleben von Informationen. Mit vielen Ideen und reichlich Fantasie füllen wir in den kommenden Wochen Seite für Seite unserer Tagebücher. Dabei halten wir fest, was wir im Laufe des Projektes über Gewürze lernen.

Inhaltlich wird Folgendes erarbeitet:
- Auf einer Miniweltkarte, die auf eine Tagebuchseite geklebt wird, wird das Herkunftsland des Gewürzes markiert.
- Eine Gewürzkarte mit dem Originalgewürz (siehe Punkt 8 des nächsten Abschnittes) wird eingeklebt
- Recherchierte Informationen werden eintragen.
- Fotos aus Illustrierten oder Internet, von Gewürzhändlern oder selbst angefertigte Zeichnungen werden eingeklebt.
- Die jeweilige Arbeits- und Spielanleitung von den Aktivitäten des Tages werden beschrieben bzw. eingeklebt.

Das Deckblatt des Tagebuches gestaltet jedes Team individuell selbst. Anschließend werden alle Blätter von mir eingesammelt und mit einer Ringbindung versehen.

Während der Arbeit an ihren Tagebüchern erkunden die Kinder nebenbei auch die Welt der Schriftsprache. Auf der Weltkugel fahnden wir z. B. nach den Ländern, aus denen die Gewürze stammen. Die Kinder notieren die Ländernamen und merken sich sehr rasch auch deren Wortbilder. Außerdem beginnen die Kinder von selbst, die Namen an den Gewürzgläschen zu entziffern, merken sich ebenfalls deren Wortbilder und verbinden Geruch und Aussehen der Gewürze mit dem Schriftbild. Natürlich schmücken die Kinder mit den Gewürznamen auch das Deckblatt des Buches: GEWÜRZTAGEBUCH von Dennis.

Zusätzlich oder statt eines Tagebuches sollte von der Klasse auch folgende Variante gewählt werden dürfen:
Jede Arbeitsgruppe oder die ganze Klasse gestaltet ein Bestimmungstagebuch als Gemeinschaftswerk. Das Buchprojekt kann aufgeteilt werden, z. B. nach der Form der Gewürze (Pulver, Körner etc.) oder nach den verwendeten Pflanzenteilen (Wurzel, Stängel, Blätter, Blüten).

Unsere Aktivitäten: Gewürze mit allen Sinnen erfahren

1. Gewürzbasar

In durchsichtigen, kleinen Eisbehältern sammeln wir die Gewürz-Düfte dieser Welt. Wir staunen über die Farb- und Geruchsvielfalt. Wir entdecken einheimische und fremde, stark oder schwach duftende Gewürze, ordnen nach Farben, Ursprungsländern oder verwendeten Pflanzenteilen. Gemeinsam suchen wir nach Informationsquellen und werten sie aus. Es lässt sich dabei eine Menge erfahren über die Herkunftsländer und was sonst noch wissenswert ist. Die gemeinsame Recherche fördert Teamarbeit und soziales Lernen. Die Kinder eignen sich Weltwissen an und trainieren nebenbei ihre Sprachkompetenzen.
    Die Gewürzinformationen können auch auf Papierstreifen notiert werden, die wir dann auf die entsprechenden Eisbehälter kleben.

2. Duftende Gewürzbilder

Auf einem Blatt zeichnen wir mit Klebstoff Figuren auf, z. B. eine Wunderblume oder einen Zauberfalter. Anschließend streuen wir unterschiedliche Gewürzpulver auf. Mit Haarspray oder Sprühklebstoff werden die Bilder haltbar gemacht.

Mit dieser Methode lassen sich ganze Blütenteppiche herstellen, die z. B. an Fronleichnam ausgelegt werden können.

3. Gewürz-Riechdosen

Leere, blickdichte und gut verschließbare Filmdosen eignen sich als Behälter für ein Riechspiel. Für jedes Gewürz benötigen wir zwei Dosen. Wir füllen beide jeweils mit demselben Gewürz gleich hoch auf und bilden Gewürzpaare. Den Boden bekleben wir mit den gleichen Symbolen, z. B. mit zwei Herzen, zwei Kreisen usw.

Spiel: Die Paare müssen durch Schnuppern wiedergefunden werden. Die Symbole am Boden geben die Lösung preis.

4. Hör-Gewürz-Dosen

Wir füllen Filmdosen mit unterschiedlichen Gewürzen auf. Wer gute Ohren hat, kann feinste Geräusche durch Schütteln der Dosen voneinander unterscheiden. Die Dosen können nach Klangfarben sortiert werden. Wir hören Pulver, Beeren, Früchte oder Samen. Symbolbilder auf dem Boden helfen, das Gehörte zuzuordnen.

Wir können auch Klangdosen-Paare herstellen. Sie werden gemischt und wiedergefunden. Gleiche Symbole am Boden verraten die Lösung.

5. Gewürz-Wettspiel

Wir stellen unsere Gewürzdosen möglichst schnell nach verschiedenen Kriterien zusammen. Wir können dabei miteinander arbeiten oder ein Wettspiel veranstalten.
Aufgaben können z. B. sein:
- Sammelt alle Gewürze, die aus Samen sind.
- Holt alle Gewürze, die bei uns in Deutschland wachsen.
- Welche Gewürze wurden aus Pflanzensamen hergestellt?
- Welches Gewürz fängt mit dem Buchstaben A an, welches mit B …?

6. Gewürz-Memory

Wir gestalten Kartenpaare mit aufgeklebten, gezeichneten oder fotografierten Gewürzen. Die Karten werden gemischt und verdeckt auf den Tisch gelegt. Wer durch Umdrehen ein Paar entdeckt, darf es behalten. Wer am Schluss die meisten Paare besitzt, hat das Spiel gewonnen.

7. Gewürzquiz

Auf Papierstreifen werden Fragen zu den verschiedensten Gewürzen aufgeschrieben. Nur eine Antwort ist richtig.
Wo wird Zimt angebaut? Lösung: Afrika
Welche Farbe hat Zimt – schwarz, grün oder braun? Lösung: braun
Braucht man Zimt zum Eincremen, Malen oder Backen? Lösung: zum Backen
Wächst Zimt in der Erde, im Meer oder an Bäumen? Lösung: an Bäumen
Mit den Streifen wird ein Quiz in der Klasse veranstaltet.

8. Gewürzkarten herstellen

Von jedem Gewürz wird eine kleine Menge auf einen vorbereiteten Karton aufgestreut. Mit einem Pinsel fegen wir rundherum alles weg, was zu viel ist. Wir nehmen einen durchsichtigen Paketstreifen und überkleben die Streufläche. Achtung: Sobald der Klebestreifen über dem Gewürz liegt, zieht er Gewürzteilchen wie magisch an. Der Streifen muss deshalb rasch aufgeklebt und gut festgedrückt werden. Am Schluss schreiben wir noch den Namen des Gewürzes dazu.

9. Wer kennt sich aus?

Wir spielen ein Spiel, für das wir unsere Gewürzkarten und unsere Informationsstreifen benötigen. Es wird entweder eine Karte oder ein Streifen gezogen. Welche Beschreibung passt zu welchem aufgestreuten Gewürz und umgekehrt?

10. Reingelegt

Gewürzkarten und Informationsstreifen werden falsch zusammengelegt. Wer korrigiert den Fehler?

11. Gewürz-Weltkarte

Wir gestalten eine riesige Weltkarte auf Paketpapier. Wir suchen die Länder, in denen Gewürze angebaut werden, und legen unsere Gewürzkarten darauf.

Auf die Länder lassen sich auch kleine, farbige Schildchen aufkleben, auf die wir Zahlen eintragen. In einer Legende notieren wir die Gewürznamen zu den Zahlen. So können wir die Karte hinterher an die Wand hängen und behalten die Herkunftsländer unserer Gewürze im Blick.

12. Kochen und Backen mit Gewürzen

Wir sammeln Rezepte und stellen sie uns gegenseitig vor. Gemeinsam oder in Gruppen werden die Rezepte ausprobiert und allen serviert.

Gewürzkuchen
Zutaten: 200 g weiche Butter oder Margarine, 250 g Zucker, 3 Pk Vanillinzucker, 4 große Eier, 200 g gemahlende Haselnüsse, 1 TL Zimt, 1 Prise gemahlene Nelken, 1 Prise Ingwerpulver, 250 g Mehl, 3 TL Backpulver

Und so wird es gemacht:
Butter, Zucker und Vanillinzucker schaumig rühren. Eier, gemahlende Nüsse, Zimt, Nelkenpulver, Ingwerpulver dazugeben. Das mit dem Backpulver vermischte Mehl mit dem Teig vermengen. Backofen auf 200 Grad Celsius vorheizen. Den Teig in eine kastenförmige Kuchenform geben und auf der mittleren Schiene 60 Minuten backen. Vor dem Verzehr einen Tag ruhen lassen.

Kinder-Gewürzpunsch
Zutaten: Apfelsaft, roter Traubensaft, Saft aus 2 Zitronen, Saft aus 1 Orange, ca. 8 Nelken, 1 Zimtstange, 1 Prise Muskatnuss, ¼ l Mineralwasser, etwas Honig

Und so wird es gemacht:
Fruchtsäfte, Gewürze und Wasser zusammen aufkochen. 10 Min. ziehen lassen und in eine Schüssel füllen. Mit Honig süßen.

Gewürzapfel
Zutaten: 4 Äpfel, 10 Nelken, ¼ l Apfelsaft, 1 Zimtstängel, etwas Ingwer, Saft und Schale einer halben Zitrone, 150 g Naturjoghurt, 150 g Kefir, 1 Prise Zimt, 1 El Rosinen, 1 El Pistazien, 1 El gehackte Mandeln, etwas Zimtpulver

Und so wird es gemacht:
Äpfel schälen und Kerngehäuse ausstechen. Apfelsaft, Zitronensaft, Zitronenschale, Nelken, Ingwer, Zimtstange und Äpfel so lange kochen, bis die Äpfel weich sind. Äpfel herausnehmen und auf eine tiefere Platte legen. Die Soße weiterkochen lassen, bis sie zäh wird. Soße auskühlen lassen und mit Joghurt und Kefir verrühren. Die Soße über die Äpfel geben. Zimtpulver, Rosinen und Nüsse darüberstreuen.

13. Internationales Gewürz-Informationsblatt

Wir zeichnen farbige Bilder von bekannten Gewürzen, schneiden sie als Kärtchen aus und kleben sie auf ein Blatt. Darunter schreiben wir jeweils den Namen des Gewürzes in allen Sprachen, die in der Klasse gesprochen werden. Jeder Sprache ist eine Farbe zugeordnet, so erkennen die Kinder sofort: rot ist griechisch, blau ist englisch, grün ist russisch.

14. Gewürzkräuter auf der Fensterbank

Auf einer sonnigen Fensterbank ziehen wir aus Samen unsere Gewürzkräuter selbst. Dazu eignet sich Schnittlauch, Basilikum, Dill, Estragon, Petersilie, Koriander und Fenchel. Das Unternehmen muss aber gut vorbereitet sein, weil viele Pflanzen mehrere Wochen zum Wachsen benötigen.

Der Samen des **Basilikums** benötigt Licht zum Keimen. Er sollte daher nicht von der Erde bedeckt, sondern nur aufgestreut werden. Die Erde sollte zudem nährstoffreich und sandig sein. Wenn die ersten Blätter kommen, werden die Sämlinge in größeren Abständen gesetzt.

Dill ist eine anspruchslose Pflanze und daher leicht zu ziehen. In einen mittelgroßen Blumentopf werden ca. 20 Samenkörner gestreut und 1 cm tief eingesetzt. Die Erde sollte locker und kalkhaltig sein. Staunässe ist zu vermeiden. Die Pflanze liebt eine sonnige bis halbschattige Lage.

Estragon ist ein stark wachsendes Kraut, das am liebsten an einem sonnigen oder halbschattigen Ort steht. Der Boden ist idealerweise leicht sandig und stets feucht zu halten. Zum Würzen sind die jungen Triebe und Blätter geeignet. Sie sollten kurz vor der Blüte geerntet werden, da dann der Gehalt an ätherischen Ölen besonders hoch ist.

Fenchel benötigt einen sonnigen Standort sowie einen kalkhaltigen und feuchten Boden. Da sich die Pflanze gern ausbreitet, sollte man sie in einem möglichst großen Topf ziehen.

Die Saat des **Korianders** darf nur mit wenig Erde bedeckt werden. Wenn man den Boden immer gut feucht hält, kann man das Kraut nach etwa fünf Wochen ernten. Man kann es auch blühen lassen und die Korianderfrüchte an der Pflanze trocknen. Vor der Verwendung erhitzt man sie am besten in der Pfanne und zerstößt sie anschließend mit einem Mörser.

Oregano keimt ebenfalls nur mit Licht. Am besten gedeiht es auf einem lockeren und nährstoffreichen Boden. Der Platz sollte warm und sonnig sein. Blätter und Triebe sollte man vorzugsweise während der Blütezeit ernten, weil sie dann am besten schmecken.

Petersilie muss rechtzeitig ausgesät werden. Erst nach vier bis fünf Wochen kommen die ersten Keime hervor. Und es braucht weitere vier Wochen, bis die Blätter geerntet werden können. Die nährstoffreiche Erde muss immer feucht, aber nicht zu nass sein. Die Pflanze gedeiht am besten im Halbschatten.

Schnittlauch benötigt einen feuchten und nährstoffreichen Boden. Das Gießwasser sollte möglichst lauwarm sein. Geerntet werden kann das Kraut nach ca. sechs Wochen, wenn die Stängel zehn bis zwanzig Zentimeter lang sind. Dazu sollten sie bis auf zwei Zentimeter vor dem Boden gekappt werden.

Informationen zur Sache

Herkunft und Geschichte der Gewürze

Gewürze werden aus Pflanzenteilen gewonnen und verfeinern mit ihren Geruchs- und Geschmacksstoffen Speisen und Getränke. Sie enthalten appetitanregende Stoffe, dienen als Geschmacksverstärker, als Heilmittel und Stimmungsaufheller.

Auch wenn sie nur in kleinen Mengen verwendet werden, haben die kulinarischen Exoten in der Vergangenheit sogar den Fortgang der Weltgeschichte beeinflusst.

Ursprünglich stammen die uns bekannten Gewürze aus tropischen Regionen und wurden zu früheren Zeiten wertvoller als Gold gehandelt. Weltumsegler und Abenteurer suchten nach ihnen, um reich zu werden. Dabei galten arabische Kaufleute als die Herrscher der Gewürze. Schon damals, vor 3000 Jahren, wurden Gewürze nicht nur zum Verzehr verwendet. Die alten Ägypter setzten sie auch zur Einbalsamierung ihrer Toten ein.

Über Karawanenstraßen und die sogenannten Gewürzrouten gelangten die Gewürze auf dem Seeweg von Indien und der arabischen Welt zu uns ins Abendland, aber erst mit den Kreuzzügen blühte der Handel auf. Gewürze wurden seitdem auf dem europäischen Markt sündhaft teuer verkauft. Dabei übten lange Zeit die Venezianer die Vorherrschaft im Gewürzhandel aus, was der Metropole großen Reichtum bescherte. Gewürze galten dort als Statussymbol und wurden auch in der Medizin verwendet.

Erst die Türkenkriege bereiteten im ausgehenden 15. Jahrhundert dem venezianischen Gewürzhandel ein Ende. Es folgte die Ära der Entdeckungsreisen, bei denen Gewürze eine große Rolle spielten. Christoph Kolumbus war einer der Ersten, die den Seeweg nach Indien suchten. Er scheiterte und entdeckte stattdessen Amerika. Der Portugiese Vasco da Gama hatte 1498 mehr Glück und verhalf seinem Land zum Gewürzmonopol. Im 17. Jahrhundert aber wurde Portugal im Zuge erbitterter Kolonialkriege erst von Holland und schließlich von England abgelöst.

Weitere zweihundert Jahre brachten Gewürze einem Land Reichtum und Macht. Danach wurden sie durch Verlegung der Anbaugebiete zur Massenware und verloren weltpolitisch an Bedeutung.

Heute werden Gewürze aus aller Welt maschinell verarbeitet und sind überall günstig zu haben. Gewürze entdeckt man auf dem Markt, in Supermärkten oder in ausländischen Geschäften. Sie werden frisch oder tiefgefroren, getrocknet, gemahlen, als Saatgut für die Fensterbank oder für den Garten angeboten oder zu Extrakten verarbeitet. Während Pfeffer einst in der ganzen Welt als teuerstes Gewürz galt, ist es heute Safran, das als „gelbes Gold" gehandelt wird.

Wichtige Gewürze in aller Kürze

Anis: Aniskraut wächst im östlichen Mittelmeerraum. Geerntet werden die Samen und frischen Blätter des Doldenblüters. Das süßliche Gewürz wird zum Plätzchenbacken und zur

Schnapsherstellung (Raki) verwendet. In der Medizin gilt Anis als Hustenlöser. Ein besonderer Anis, der Sternanis, stammt aus der Frucht eines ostasiatischen, immergrünen und bis zu acht Meter hohen Baumes. Er trägt erst ab dem sechsten Jahr Früchte und kann bis zu hundert Jahre alt werden. In den Blüten stecken acht dunkelbraune Einzelfrüchte, ähnlich unseren Apfelkernen. In der Medizin wird Sternanis als harntreibendes Mittel und gegen Halsschmerzen eingesetzt.

Bärlauch: Liliengewächs im Wald, stark nach Knoblauch riechend. Das frische Kraut wird für Kräuterquark, in Suppen und Soßen verwendet. Wegen seines Geruchs wird Bärlauch auch Waldknoblauch genannt.

Curry: Das Würzmittel für die berühmte Curry-Wurst ist eine Gewürzmischung aus Pfeffer, Ingwer, Kurkuma, Koriander und Chili. Das gelbe Gemisch wird zu Pulver oder Paste verarbeitet.

Ingwer: Südostasiatisches Gewächs, dessen Wurzelstock zum Würzen von Süßigkeiten und Bier (Ginger Beer) dient. Das Gewürz wird frisch, getrocknet oder in Pulverform eingesetzt.

Kardamom: Die schilfartigen Kardamon-Stauden gedeihen in feuchtwarmen Bergwäldern Südindiens, Mexikos und Guatemalas. Die Samen werden handgeerntet und getrocknet. Die grünen, weißen oder braunen Fruchtkapseln der Kardamon-Pflanze werden als Samen oder gemahlen für Kuchen, Backwaren oder Parfümöl verwendet.

Knoblauch: Die geruchsintensive Knolle stammt ursprünglich aus Zentralasien. Ihre Zwiebel besteht aus mehreren Zehen. Man sagt Knoblauch eine Heilwirkung gegen böse Geister und Vampire nach.

Kümmel: Die Kümmelpflanze ist ein zweijähriges Kraut, das in Europa und Asien angebaut wird. Als Gewürz wird der Samen der Doldenblüten verwendet. Samen, Blätter und Pfahlwurzel waren schon in der Steinzeit bekannt: Schwarz- und Kreuzkümmel wird auch als Arzneimittel für Verdauungsstörungen eingesetzt.

Lorbeer: Hartlaub aus dem Mittelmeerraum. Zum Würzen verwendet werden die Blätter des Lorbeerbaumes. Lorbeeröl wird durch Auskochen der Früchte gewonnen. In der Antike galt Lorbeer als Symbol für Sieg und Ruhm. Sportler, Dichter und später auch Kaiser und Könige schmückten sich gern mit einem Lorbeerkranz.

Muskat: Die Muskatnuss ist der harte Fruchtkern des immergrünen Muskat-Baumes, der ursprünglich auf den nördlichen Molukken beheimatet ist. Die von einem orangegelben, geschlitzten Samenmantel umgebene Samennuss wird ganz oder gemahlen angeboten.

Nelke: Der Nelkenbaum ist eine tropische Küstenpflanze. Als Gewürz werden die Blütenknospen geerntet und getrocknet. Sie haben die bekannte nagelartige Form. Die kapselförmige Frucht des Nelkenbaumes enthält ein ätherisches Öl, das Nelkenöl. Es soll bei Zahnschmerzen helfen.

Paprika: Die Vitamin-C-haltigen Früchte des Nachtschattengewächses sind je nach Reife gelb, grün oder rot. Angebaut werden sie in Südeuropa. Das Paprikagewürz wird aus den scharfen Sorten gewonnen. Sie werden getrocknet und zu Pulver verarbeitet.

Pfeffer: Das schwarze Pulver gilt seit dem 4. Jahrhundert als eines der wichtigsten Gewürze. Im Mittelalter wurde es mit Gold aufgewogen, weshalb es auch den Titel „König der Gewürze" trug. Bei Pfeffer handelt es sich um eine südostasiatische, tropische Kletterpflanze. In den Ölzellen des Fruchtfleisches stecken die mehr oder weniger scharfen Stoffe. Schwarzer Pfeffer besteht aus unreif geernteten Früchten, weißer aus den geschälten, reifen Früchten derselben Pflanze. Grüne und rosafarbene Pfefferkörner dienen auch zur Dekoration und sind als Pfefferkörnermischung erhältlich.

Wissenswertes zu Pfeffer: Ein tropischer Klettervogel – der Tukan – wird als Pfefferfresser bezeichnet, weil er, wie der Name schon sagt, gern Pfefferschoten verspeist.

Die Küste von Südindien heißt traditionell Pfefferküste. Ursprünglich stammt die Pfefferpflanze nämlich von dort.

Piment: Der immergrüne Piement-Baum gedeiht in Spanien und kann bis zu zwölf Meter hoch werden. Gewürzt wird mit den erbsengroßen, aromatischen Beeren, die ganz oder gemahlen gehandelt werden.

Safran: Etwa drei Zentimeter kleine, dunkelorangene, getrocknete Fäden werden aus den drei Blütennarben der Safran-Krokusblüte gewonnen und per Hand mühsam gepflückt. Etwa eine halbe Million Blüten ergeben nur 500 Gramm Safran. Es ist deshalb das zurzeit teuerste Gewürz der Welt. Geerntet wird auf riesigen Feldern in Spanien. Safran färbt Speisen und Gebäck gelb.

Senfkörner: Die Senfpflanze ist ein bis zu zwei Meter hoher Kreuzblüter, der kleine, kugelige Samen hervorbringt. Es gibt weißen und schwarzen Senf. Senfpulver wird mit Chili, Pfeffer und verschiedenen Kräutern zu einer Paste vermischt, die als Senf im Supermarkt verkauft wird. In der Medizin werden Senfpflaster und Senföl zum Einreiben eingesetzt.

Vanille: Kapselfrucht einer kletternden Orchideenart. Geerntet werden die aromatischen, zylinderförmigen Kapseln, die Vanilleschoten.
Bei den Azteken in Mexiko galt Vanille als wertvoll. Heute ist sie auch synthetisch herstellbar. Zucker und Vanille werden gemischt als abgepackter Vanillinzucker verkauft.

Wacholder: Das Würzmittel für Sauerkraut und Wild wird aus getrockneten oder frischen Beeren des immergrünen Wachholderstrauches gewonnen. Der Strauch ist in ganz Europa beheimatet.

Zimt: Das oft zur Verfeinerung von Süßspeisen verwendete Gewürz wird aus der geschälten Innenrinde des Ceylon-Zimtbaumes gewonnen. Als Abfallprodukt entsteht Zimtöl.

Zwiebel: Das Liliengewächs wurde ursprünglich in Asien angebaut. Es gibt unendlich viele Sorten von Zwiebeln: Haushaltszwiebeln, Frühlingszwiebeln, Rote Zwiebeln, Perlzwiebeln oder Schalotten. Sie gedeihen auf Feldern und in unseren Gärten.

Die verwendeten Pflanzenteile

Gewürze werden aus den verschiedenen Pflanzenteilen gewonnen: aus Blüten, Samen oder Früchten, aus dem Stängel, der Rinde oder den Wurzelstöcken, aus Blättern, aus der Zwiebel (unterirdischer Spross) oder der Wurzel. Bei manchen Pflanzen lassen sich auch mehrere Pflanzenteile verwenden.

Beispiele:

Baumrinde: Zimt

Stängel: Ingwer

Blätter: Curry, Lorbeer, Bärlauch, Dill, Basilikum, Petersilie Bohnenkraut, Kresse, Estragon, Fenchel, Koriander, Liebstöckel, Mayoran, Oregano, Thymian

Zwiebeln: Knoblauch und Speisezwiebel

Blüten: Gewürznelken, Kapern, Safran (rote Blütennarbe des Krokus)

Früchte/Beeren: Pfeffer, Wacholder, Kardamom, Chili, Paprika, Sternanis, Vanille, Olive, Anis, Kümmel, Fenchel, Paprika,

Samen/Kapseln: Pfeffer, Kardamom, Kürbis, Senf, Mohn, Muskatnuss, Sesam

Wurzel: Koriander, Sellerie, Ingwer

Bildnerisches Gestalten – Begriffserklärungen

Zeichnen

Mit Wasserfarben, Stiften aller Art, Kohle, Fingerfarben, Kreide usw. Bilder oder Spuren auf Packpapier, Tapete, Zeichenkarton, Kacheln, Glas oder Plastik malen. Fenster und Türen ausgestalten. Spuren oder Zeichen in Gips, weichem Wachs, Ton, Knete usw. einritzen.

Ausmalen und malen

Ausmalen und malen erfordern neben Handgeschicklichkeit, Ausdauer und Konzentration eine genaue Stiftführung, um Begrenzungen des Gegenstandes einhalten zu können. Fantasie, Farbempfinden sowie Einfallsreichtum sind wichtig. Innere Bilder kehren sich nach außen und werden auf dem Blatt sichtbar. Während dem Malen können Erlebnisse verarbeitet sowie Ängste dargestellt und bewältigt werden.

Reißen

Aus Werbebroschüren Gegenstände im Umriss ausreißen. Aus kleinen Papierschnipseln (von Zeitung, Katalogen, Illustrierten) ein neues Bild kleben. Als Klebstoff eignet sich angerührter Tapetenkleister.

Schneiden

Etwas ausschneiden, abschneiden, zuschneiden. Materialien können sein: alle Papiersorten wie Buntpapier, Seidenpapier, Transparentpapier, Geschenkpapier, Kataloge, Illustrierten, Folien, Furniere, Wellpappe, Stoff, Filz, Leder.

Collagen

Collagen eignen sich besonders gut für Gemeinschaftsarbeiten. Scherenschnitte können zu einem Wandfries gestaltet werden.

Drucken

Druckmodel mit Wasserfarbe, Fingerfarben, Stoff- oder Glasfarben einstreichen und Abdrücke herstellen. Druckmodel können sein: Kartoffeln, Korken, kleine Holztiere aus der Bau-Ecke, Pinsel …
Tipp: Drucken lässt sich auch mit Stoffknäuel, Wattebausch, Laubblättern, Kreide, Gemüse, Naturmaterialien, Stöcken, mit der Nase, der Hand, dem Fuß.

Falten

Beim Falten werden Fingerfertigkeit, Feinmotorik und sekundäre Schreibfertigkeiten trainiert. Sauberes, genaues Falten erfordert exakte Faltbewegungen, außerdem werden Raumlage-Begriffe gefestigt wie *oben, unten, Ecke, senkrecht* usw. Die Faltarbeiten in ein Heft einkleben und eine fantasievolle Bildgestaltung (Erzählbild) malen. Aus Einzelarbeiten kann eine Gemeinschaftsarbeit zusammengestellt werden.
Material: Alle Papierarten, z. B. Faltpapier, Buntpapier, Zeitung, Farben, Klebstoff.

Weben und flechten

Verwendet wird der Web- oder Flechtrahmen. Zöpfe flechten aus Wolle oder Krepp-Papierstreifen fördert die Fingergeschicklichkeit. Deckchen, Teppiche für das Puppenhaus, Geldbeutel usw. können hergestellt werden.

Nähen

Nähen fördert intensiv die Auge-Hand-Koordination. Begonnen werden kann mit Spannsticharbeiten. Hierbei wird der Faden von einer Seite zur anderen geführt, sodass auf der Rückseite eine spiegelbildliche Arbeit entsteht.

Eine Einladungs- oder Glückwunschkarte auf diese Weise zu gestalten, erfordert nur einen geringen Zeitaufwand.

In der Regel wird für Näharbeiten allerdings ein längerer Zeitraum benötigt. Die Kinder lernen, dass nicht jede Arbeit am Stundenende abgeschlossen wird, sondern dass man mehrere Stunden oder gar auch einige Wochen Zeit investieren muss, ehe das Kunstwerk fertig ist und mit nach Hause genommen werden darf.

Modellieren

Mit Knete, Ton, Wachs, Salzteig, Pappmaché. Kneten, Modellieren und Töpfern machen die Hände geschickter, die Geschmeidigkeit und Feinabstimmung wird angeregt.

Themen könnten sein: Obst, Schüssel, Kaufladendinge, Kerzenhalter, Igel, Schnecke, Drachen.

Knülltechnik

Seidenpapier reißen und daraus kleine Kugeln mit den Fingerspitzen knüllen. Farbkugeln sammeln und dann zu einem Bild aufkleben. Untergrund kann Packpapier sein. Geklebt wird mit Tapetenkleister. Die Form großflächig mit Kleister „vormalen", darauf die Kügelchen legen und andrücken.

Spitzenschnitt

Aus Buntpapier oder anderem Papier Rechtecke schneiden, in der Mitte falten und kleine Teile ausschneiden. Sollen es Federn werden, oben eine Federspitze schneiden. Für Rosetten benötigt man unterschiedlich große Kreise. Jeden Kreis bis zu einer Spitztüte zusammenfalten und Formen ausschneiden. Alle Kreise wieder auseinanderfalten und die Spitzenschnitte nur in der Mitte aufeinanderkleben. Bei Blumen Stängel und Blätter ankleben. Die Formen des Spitzenschnitt-Vogels zuvor mit Kleister „vormalen". Die Federteile vom Schwanz her aufkleben und die nachfolgenden fächerartig auf den darunter liegenden Federn anordnen. Die Federspitzen nicht festkleben, damit sie nach einigen Tagen wie echte Federn abstehen.

Frottage / Abbreibebilder

Unter ein Zeichenpapier wird ein Gegenstand gelegt und mit einem schräg gehaltenen Bleistift, einem Wachsmalstift oder mit Kreide darübergerieben. Es entstehen interessante Abdrücke.

Zum Abreiben sind alle Materialien geeignet, die eine oberflächig fühlbare Struktur aufweisen: Geldstück, Stoff, Zweige, Blätter, Kachel, Strukturtapete, Sieb, Strohsterne.

Die Kinder können bei dieser Aufgabe experimentieren und auf Entdeckungsreise gehen.

Kohlezeichnungen

Kohlestifte gibt es im Handel. Man kann aber auch nach einem Lagerfeuer Holzkohlestifte aufsammeln. Kohlebilder bekommen eine weiche, verwischte Struktur. Mit Haarspray können die Kohlebilder fixiert und haltbar gemacht werden.

Strukturen zeichnen

Mit Bleistift, Filzstiften oder Buntstiften werden Spurenbilder gestaltet. Schwarze Filzstiftzeichnungen eignen sich gut zum Kopieren. Es entstehen fantasievolle feine und grobe, große und kleine Linien, Ornamente oder Muster. Bei Fantasieaufgaben darf eine Arbeit beliebig erweitert, vergrößert oder in eine andere Form umstrukturiert werden.

Neues aus Abfallmaterialien erfinden

Materialien aller Art sammeln und für die Kinder zugänglich machen: Korken, Schachteln, Döschen, Schnur, Kronkorken, Eisstängel, Muscheln, Moos, Styropor, restliche Kacheln, Taptenrollen usw.

Diese Materialien verfremden und in Bilder integrieren. Neue Kunstwerke entstehen, die mit allen Sinnen erfasst werden. Vertraute Dinge lassen sich neu entdecken. Aus Watteresten entstehen Wolken, Altglas-Flaschen verwandeln sich in Schiffe, Ästchen werden zu Baumstämmen, leere Toilettenpapierrollen zu Hubschraubern oder Männchen, und mit Naturmaterialien lassen sich Mobiles gestalten.

Übersicht über die einzelnen Problemfelder

Sprache, Sprechverhalten

Vorläufermerkmale für den Schriftspracherwerb

Hat das Kind ein gutes Gedächtnis? Lernt es rasch neue Lieder? Kann es eine Geschichte nacherzählen? Kann es Formen und Farben unterscheiden? Unterscheidet es Lautgruppen, und kann es Laute richtig aussprechen? Hat das Kind Einblick in die Lautstruktur der gesprochenen Sprache? Kann es reimen oder ein Wort in Silben aufteilen (Silben klatschen)?

Spontansprache

Grammatikalische Fertigkeiten, Wortwahl, Gedächtnisleistung, aktiver Wortschatz und Sprechsicherheit kennzeichnen die Spontansprache.
Ist das Kind gesprächsbereit? Kann es Fragen stellen und beantworten? Ist sein Sprechtempo flüssig? Kann es Bilder (z. B. in einem Bilderbuch) frei beschreiben? Kann es eine Geschichte inhaltlich richtig wiedergeben? Erzählt das Kind spontan und ohne Aufforderung? Spricht es die Wörter korrekt aus? Hat es einen reichhaltigen Wortschatz? Kann es Dinge richtig benennen? Spricht es grammatikalisch richtig? Setzt es Artikel richtig (der, die das)? Bildet es bei Nomen die Mehrzahl?

Allgemeine Ausdrucksfähigkeit

Eine gute Ausdrucksfähigkeit besitzt, wer etwas genau beschreiben und sich sprachlich vielfältig ausdrücken kann. Trainiert werden kann der Ausdruck mit Bildbeschreibungen und Reporterspielen:
Das ist ein Baum. Er hat Blätter und einen Stamm. Ein Vogel sitzt auf einem Zweig.
Ich bin gerade auf dem Spielplatz und berichte, was ich sehe.

Grammatikalische Fertigkeiten

Semantik (Lehre von der Bedeutung der Wörter):
Trifft das Kind die richtige Wortwahl? Erweitert es seinen Wortschatz?
Geübt werden sollten auch Wortstämme und Ableitungen.

Syntax (Lehre vom Satzbau):
Spricht das Kind in vollständigen und richtigen Sätzen? Hat es ein gut entwickeltes Satzverständnis?

Morphologie (Lehre von der grammatischen Struktur der Wörter):
Leitet das Kind richtig ab? Benutzt es die richtigen Wortendungen? Kann es Reime bilden und Wörter in Silben aufteilen? Bildet es richtige Mehrzahlformen?

Mathematische Fähigkeiten

Zahl- und Mengenverständnis

Kann das Kind bis zehn zählen, kann es Mengen bis zehn miteinander vergleichen (mehr, weniger, gleich viel)? Kennt es mathematische Begriffe (am wenigsten, am meisten, mehr als, weniger als)? Kennt es die Grundformen Dreieck, Rechteck, Kreis, Quadrat? Kann es eine Reihe legen (großes Auto, kleines Auto, ganz kleines Auto)? Kann es Farben benennen? Kann es die Zahlen 1–10 wiedererkennen und schreiben?

Gedächtnisleistung

Kurzzeitgedächtnis

Das Kurzzeitgedächtnis dient als Zwischenspeicher, um kurzfristig Informationen zu speichern. Man greift darauf zurück, wenn man z. B. Handlungsanweisungen ausführt oder wenn man sich merkt, was man gerade aufschreiben will. Beeinträchtigungen des Kurzzeitgedächtnisses haben Schwierigkeiten beim Lesen- und Schreibenlernen zur Folge.

Langzeitgedächtnis

Auch das Langzeitgedächtnis spielt beim Schriftspracherwerb eine große Rolle. Hier werden langfristig abrufbereite Informationen gespeichert wie z. B. Kenntnisse über die Buchstabenformen oder der passive Wortschatz. Ein Leistungsmerkmal des Langzeitgedächtnisses ist auch die Abrufgeschwindigkeit der benötigten Informationen.

Sinneswahrnehmung

Auditive und phonetische Wahrnehmung

Versteht das Kind einen Arbeitsauftrag? Hört es Laute aus einem Wort heraus? Kann es lange und kurze Vokale voneinander unterscheiden? Nimmt es Tonhöhen wahr?

Hört das Kind nicht gut, kann es Laute nicht genau erfassen, spricht selbst ungenau oder unrichtig, verstümmelt Worte und vergisst Endungen.

Visuelle Wahrnehmung

Erkennt das Kind die Buchstabenformen? Kann es gleiche von ähnlichen Formen unterscheiden? Erkennt und beachtet es Reihenfolgen (z. B. Perlen nach der Größe aufreihen) Kann es die Raumlage (rechts, links, oben, unten, davor, über, in der Ecke) erfassen? Kann das Kind einen Weg mit den Augen verfolgen (Labyrinth-Spiele) und mit dem Finger nachzeichnen? Kann es Formen nachzeichnen, auch in der Größe und Anzahl? Ergänzt es Muster korrekt? Kann es ein Puzzle legen, Memory spielen? Kennt es die Grundfarben (rot, blau, gelb), Mischfarben (rosa, grau, lila) und Zwischentöne (hellgrün, dunkelrot, kirschrot, himmelblau)?

Kinästhetische und motorische Wahrnehmung

Bei kinästhetischen und motorischen Fähigkeiten geht um Bewegungsempfindungen, ganzkörperliche Beweglichkeit, Kraft, Ausdauer, Schnelligkeit, Gleichgewicht, Koordination und um feinmotorische Geschicklichkeit.

Im Sportunterricht und in der aktiven Pause sollten zur Förderung Übungen angeboten werden wie Ballspiele (werfen, prellen, fangen), schaukeln, Roller- oder Fahrrad fahren, Slalom laufen, hüpfen, Seilspringen, Purzelbaum, Aufgaben mit geschlossenen Augen ausführen usw. Ein Kind muss außerdem lernen, seine Kraft einzuteilen und vorauszuberechnen: Wie stark darf ich jemanden schubsen, ohne dass er stürzt? Im geschützten Rahmen des Sportunterrichts können Kinder ihre eigenen Kräfte ausprobieren.

Für den Schriftspracherwerb ist vor allem die Hand- und Fingerbeweglichkeit relevant, die sich mit Fingerspielen oder feinmotorischen Arbeiten (schneiden, basteln, falten, kneten, modellieren) trainieren lassen. Die Lehrkraft sollte bei dem Kind beobachten, inwieweit es mit Schreibgeräten aller Art umgehen kann, ob es geschickt und genau mit der Schere ausschneidet, beim Malen Begrenzungen einhält und Figuren nachzeichnen kann. Auch für die Fuß- und Zehenbeweglichkeit kann man etwas tun: mit den Zehen ein Taschentuch aufheben, Zeitungspapier zerreißen, ein Bild malen.

Taktile Wahrnehmung

Kann das Kind mit den Händen Formen (rund, eckig, oval, spitzig, lang, kurz) erfassen und Größen unterscheiden? Kann es unterschiedliche Materialien (Stoff, Holz, Metall), deren Stärke und Oberflächen (rau, glatt, uneben, glitschig) tastend erkennen?

Vestibuläre Wahrnehmung

Mit den folgenden Übungen lassen sich Gleichgewicht und Raumorientierung trainieren: laufen und rasch anhalten, balancieren, klettern, auf einem Bein stehen, hüpfen, mit geschlossenen Augen gehen, von einer Bank herunterspringen, mit geschlossenen Beinen wie ein Hase hüpfen.

Gustatorische Wahrnehmung

Mit den folgenden Übungen trainieren Kinder Begriffe für die verschiedenen Geschmacksempfindungen:
auf der Zunge unterscheiden, wo man süß, salzig, bitter usw. schmeckt, Vergleiche für die verschiedenen Geschmacksempfindungen finden (süß wie Honig, sauer wie eine Zitrone).

Olfaktorische Wahrnehmung

Auch Geruchsempfindungen sollte das Kind benennen können.
Achtung: Hat das Kind Schnupfen, kann es Gerochenes nicht zuordnen. Riechen und Schmecken bilden eine Einheit.

Verhalten

Arbeitsverhalten

Arbeitet das Kind sorgfältig? Kann es alleine und selbstständig arbeiten? Ist es motiviert, interessiert, neugierig, zielstrebig? Stellt es Fragen? Bastelt oder experimentiert es gern? Spielt oder arbeitet es ausdauernd und intensiv? Ist es konzentriert bei der Sache? Kann es einen Auftrag ohne Hilfe ausführen? Bringt es die Aufgabe in angemessener Zeit zu Ende? Wie reagiert es auf Erfolg oder Misserfolg? Kann es dabei Gefühle ausdrücken und zeigen?

Versteht es eine Arbeitsanweisung und setzt es diese um? Kontrolliert es aus eigenem Antrieb seine Arbeit? Entdeckt es eigene Fehler? Sucht sich das Kind selbst eine Arbeit oder Beschäftigung?

Soziales und emotionales Verhalten

Kann das Kind sich in eine Gruppe einordnen? Arbeitet es kooperativ mit? Findet es Freunde und spielt mit anderen Kindern zusammen? Geht es konstruktiv mit Problemen und Konflikten um, oder wird es aggressiv? Ist es hilfsbereit? Kann es selbst Hilfe annehmen? Kann es mit jemandem teilen? Hat es Vertrauen in die anderen und in sich selbst? Hält es Blickkontakt? Holt es sich Rat und Hilfe bei anderen? Kann es sich durchsetzen? Stört es andere Kinder beim Spielen und Arbeiten? Spricht es mit anderen Kindern? Nimmt es Kontakt zu ihnen auf? Nimmt es Kontakt zu Erwachsenen auf? Kann es zuhören? Wartet es ab, bis es an der Reihe ist?

Kopiervorlage 26: Diagnosebogen – Hörverstehen und Sprachverständnis

Hörverstehen und Sprachverständnis

Name: _____

Das Bett braucht man zum	Turnen	Schlafen	Backen
Den Bleistift braucht man zum	Essen	Malen	Träumen
Die Seife braucht man zum	Spielen	Waschen	Weinen
Die Schere braucht man zum	Schneiden	Rühren	Singen
Die Schuhe braucht man zum	Festbinden	Zerschneiden	Anziehen
Die Brille braucht man zum	Niesen	Husten	Sehen
Brot braucht man zum	Schlürfen	Essen	Hören
Das Messer braucht man zum	Kitzeln	Schneiden	Baden
Den Löffel braucht man zum	Musizieren	Essen	Waschen
Die Nase braucht man zum	Lachen	Schwimmen	Riechen
Die Augen braucht man zum	Sehen	Hören	Sprechen
Den Pullover braucht man zum	Anziehen	Feuer machen	Putzen
Das Telefon braucht man zum	Duschen	Fliegen	Sprechen
Den Stuhl braucht man zum	Sitzen	Schlafen	Singen
Den Brief braucht man zum	Lesen	Basteln	Kuscheln
Das Klavier braucht man zum	Bohren	Streicheln	Musizieren
Milch braucht man zum	Putzen	Gurgeln	Trinken
Den Apfel braucht man zum	Essen	Werfen	Sitzen
Die Hände braucht man zum	Fliegen	Streicheln	Hören
Den Ball braucht man zum	Spielen	Anziehen	Kochen
Die Ohren braucht man zum	Kichern	Hören	Weinen
Das Auto braucht man zum	Laufen	Tauchen	Fahren
Die Feuerwehr braucht man zum	Löschen	Verreisen	Feuer machen
Die Schule braucht man zum	Schwänzen	Toben	Lernen
Die Schnürsenkel braucht man zum	Schlafen	Sitzen	Binden
Den Schlüssel braucht man zum	Aufschließen	Faulenzen	Malen
Die Wanne braucht man zum	Bohren	Baden	Sägen
Das Streichholz braucht man zum	Werfen	Feuer machen	löschen
Wasser braucht man zum	Beißen	Waschen	Anziehen
Das Bild baucht man zum	Fahren	Duschen	Anschauen

Fehlerpunkte: _____

Kopiervorlage 27: Diagnosebogen – Sprachverständnis

Sprachverständnis

Name: _____

Kann ein Löwe beißen?	richtig ☐	falsch ☐
Kann man mit dem Bleistift Kuchen backen?	richtig ☐	falsch ☐
Kann ein Vogel ohne Flügel fliegen?	richtig ☐	falsch ☐
Können Menschen auf dem Mond landen?	richtig ☐	falsch ☐
Kann ein Kind am Computer spielen?	richtig ☐	falsch ☐
Scheint die Sonne in der Nacht?	richtig ☐	falsch ☐
Kann die Mutter das Kind trösten?	richtig ☐	falsch ☐
Kann der Opa eine Rakete lenken?	richtig ☐	falsch ☐
Kann die Katze die Maus fressen?	richtig ☐	falsch ☐
Kann der Schrank die Treppe hinuntergehen?	richtig ☐	falsch ☐
Kann ein Stern winken?	richtig ☐	falsch ☐
Kann ein Schneemann weglaufen?	richtig ☐	falsch ☐
Kann der Lehrer loben?	richtig ☐	falsch ☐
Kann der Vater das Auto parken?	richtig ☐	falsch ☐
Kann das Baby lesen?	richtig ☐	falsch ☐
Lernt ein Schulkind rechnen?	richtig ☐	falsch ☐
Kann man im Sommer Schlitten fahren?	richtig ☐	falsch ☐
Kann ein Wurm kriechen?	richtig ☐	falsch ☐
Kann eine Oma Geschichten vorlesen?	richtig ☐	falsch ☐
Kann ein Fahrrad bremsen?	richtig ☐	falsch ☐
Kann die Wolke schwimmen?	richtig ☐	falsch ☐
Kann ein Krokodil fliegen?	richtig ☐	falsch ☐
Kann das Schulkind lesen?	richtig ☐	falsch ☐
Kann eine Maus einen Löwen erschrecken?	richtig ☐	falsch ☐
Kann ein Fisch singen?	richtig ☐	falsch ☐
Kann das Telefon klingeln?	richtig ☐	falsch ☐
Kann der Orangenbaum Äpfel tragen?	richtig ☐	falsch ☐
Kann der Regen die Erde nass machen?	richtig ☐	falsch ☐
Kann ein Pferd galoppieren?	richtig ☐	falsch ☐
Kann eine Tasse herunterfallen?	richtig ☐	falsch ☐

Fehlerpunkte: _____

Kopiervorlage 28: Diagnosebogen – Begriffsbildung

Begriffsbildung

Name: _____

Der Frosch	singt	brummt	quakt
Der Löwe	grunzt	brüllt	miaut
Der Schmetterling	rennt	schwimmt	fliegt
Das Auto	fährt	krabbelt	taucht
Das Wasser ist	dick	eckig	nass
Der Igel wohnt in	einer Höhle	einem Teich	einem Schloss
Auf dem Birnbaum wachsen	Kirschen	Birnen	Äpfel
Die Maus frisst	Käse	Äste	Sand
Mit dem Schlüssel kann man	kochen	aufschließen	zaubern
Der Ball kann	rollen	trampeln	kichern
Die Sonne kann	lachen	spazieren gehen	scheinen
Der Junge kann	klettern	fliegen	Motorrad fahren
Das Mädchen schreibt mit	dem Zahn	dem Ohr	der Hand
Der Bär ist	grün	groß	unsichtbar
Die Sonne ist	eckig	rund	lang
Der Mond ist	an der Decke	weit weg	unter dem Haus
Der Bäcker backt	Schuhe	Fenster	Brot
Die Beine	essen	laufen	beißen
Eine Leiter	steht	geht	hüpft
Die Ampel	klingelt	leuchtet	läuft weg
Die Oma hat einen	Elefanten	Vollbart	Bauch
Das Kind hat	Haare	Hörner	Flügel
Alle Kinder können	fliegen	zaubern	lachen
Alle Tiere können	schlafen	fliegen	schwimmen
Blumen	schnarchen	essen	blühen
Alle Bäume werfen	Steine	Bonbons	Schatten
Alle Fische können	fliegen	tanzen	schwimmen
Alle Menschen können	atmen	Auto fahren	klettern
Die Ente	turnt	watschelt	fährt Ski
Die Schokolade	schreit laut	geht langsam	schmeckt gut

Fehlerpunkte: _____

Quellenverzeichnis

S. 69: Klink, Gabriele: Steingedicht. Aus: Ich und die Welt. Kinder in ihrer Orientierung und Selbstständigkeit fördern. Zeit und Rituale. KIGA Fachverlag, 2007

Literaturverzeichnis

Klink, Gabriele: Mit allen Sinnen zur Sprache finden. Bildungshaus Schulbuchverlage Westermann Schroedel Diesterweg Schöningh Winklers GmbH. Braunschweig 2005
Best.-Nr.: 978-3-14-**163015**-2

Klink, Gabriele: Mit allen Sinnen zur Mathematik finden. Bildungshaus Schulbuchverlage Westermann Schroedel Diesterweg Schöningh Winklers GmbH. Braunschweig 2005
Best.-Nr.: 978-3-14-**163017**-6